Rhododendron

ツツジの文化誌

リチャード・ミルン 著
Richard Milne

竹田 円 訳

花と木の
図書館

原書房

［……］は訳者による注記である。

ツツジ「将軍」、カタウビエンセの交配種

序章　美と毒

春の終わり、中国西部の丘陵地に、鮮やかな緋色の花を満開に咲かせた低木が生えている。その名を「映山紅《えいさんこう》」という。「山全体が赤く染まる」、もしくは「紅色に映える山」という意味だ。[1] 園芸家たちはこの木をアザレアと呼び、植物学者たちは、ツツジ（ロドデンドロン *Rhododendron*）、あるいはさらに特定して、ロドデンドロン・シムシイ（*Rhododendron simsii*［和名トウヤマツツジ］）と呼ぶ。西暦６１６年から９０６年にかけて中国を支配した唐王朝の人々は、この花を自分たちの宗教の完璧なシンボルと考えた。中国の庭園で古くから親しまれてきたツツジは驚くほど数少ない。この花はそのひとつだ。[2]

中国では、Ｒ・シムシイを含め、ツツジを「山羊蹌踉」とか「羊蹌踉草」と呼ぶ場合もある。[3] これらの名前は詩心とはいっさい無縁で、ツツジの葉をうっかり食べてしまったヤギやヒツジの脚が麻痺《まひ》して、よろめく様子を言い表している。ツツジには毒がある。なかにはかなり強い毒を持つものもあって、ツツジが自生する地方で、動物、とくに人間が中毒を起こしたという例が報告されて

ロドデンドロン・シムシイ、中国貴州省百里で自生する「映山紅」、またの名を「羊躑躅草」。

いる。ツツジの毒が、かつて大量殺人兵器として利用されたこともある。ツツジは、美と毒を併せ持つ「宿命の美女《ファムファタル》」のような存在なのかもしれない。

落葉性・常緑性を問わず、ツツジの姿形はじつにさまざまで、小ぶりで背が低いものもあれば、樹木ほどの高さに成長するものもある。花の大きさもボタンのように小さなものから、人間の手のひらくらい大きいものもある。花の色も、白、黄、ピンク、赤、紫のあらゆる組み合わせがある。ヨーロッパと北米では園芸品種として、その魅力をおおむね称賛されている。ただし、なかには誹謗中傷する人もいる。ジャーメイン・グリア［1939～。フェミニスト、作家］は、『バラの疫病 *Rose Blight*』の登場人物の口を借りて、ツツジは「見るのもぞっとする、おぞましい花」だと言い、こう嘆く。

ロドデンドロン・フェルギネウム（アルペンローゼ）、オーストリア・アルプスの典型的な光景。

ツツジとアザレアが盛大に植えられている場所では、イギリスで育成されてきた愛らしい園芸種は放り出されている。というのも、そこにはピート〔乾燥させ肥料にする泥炭〕が山のように投入されるからだ。その肥やしの上で、外国からやってきたこのエイリアンどもはおおいにのさばり、安逸な暮らしをむさぼり、大気から吸収した光を燃料にして、毎年花火のような花を咲かせている。[4]

多くのイギリス人が、ツツジについて次のように考えている。その一、侵略的な植物である。その二、ヒマラヤ山脈からやって来た。どちらも半分はあたっている。庭で栽培されている数百種のツツジは、たしかにそのほとんどが東アジア原産だ。しかし侵略的な種は

ロンドン、リッチモンド・パーク内にあるイザベラ・プランテーション。静かな池の水面にさまざまなツツジの栽培種が映っている。すべて、ツツジ亜属の改良種。そのほとんど、もしくはすべてがクルメツツジ［世界では「クルメ・アザレア」という名で親しまれている］の系統だ。

R・ポンティクム（*R. ponticum*）のみで、この木は、ヨーロッパおよびコーカサス山脈出身だ。ヨーロッパ生まれのツツジは非常に少ない。その数少ないなかのふたつが、アルペンローゼ［和名アルプスシャクナゲ］のR・フェルギネウム（*R. ferrugineum*）とR・ヒルストゥム（*R. hirsutum*）だ。どちらも原産地であるアルプス山脈のシンボルとして大切にされているが、園芸品種には適さない。

一方、北米では、広い範囲に分布する常緑種も何種類かあるが、落葉性の「アザレア」のほうが多い。ワシントン州はある方法で歴史に足跡を残した。1892年、女性に投票権が与えられた一回かぎりの選挙で、R・マクロフィルム（*R. macrophyllum*）がワシントン州の正式な州花とされた。[5]男性はこの選挙から締め出され、代わりに政治家を選んで溜飲を下げなくてはならなかった。負けてはいられないと、ウエスト・ヴァージニア州も、1903年に小学生たちに投票を行なわせ、R・マキシムム（*R. maximum*）が州花に選ばれた。[6]ウェスト・ヴァージニア州の州旗にはツツジが描かれているが、そうと言われなければ、ツツジとはわからないだろう。アメリカをはじめ、多くの国が切手の絵柄にツツジを採用している。ドイツ（早くも1938年に採用）、ベラルーシ、ミャンマー、中国、インド、ネパール、マレーシア、マーシャル諸島共和国、ポーランド、そしてソ連でもツツジの切手を発行していた。

数千年にわたり、人とツツジが共生してきた国の文化に、ツツジにまつわる記述が数多く存在するのは不思議ではない。中国では、1000年以上前からツツジの詩が詠まれてきた。[7]ツツジにまつわる民間伝承も非常に多い。文献でよく目にするのは、ツツジと、死者の魂やホトトギスを結びつけたものだ。各地でツツジ祭りが開催されており、観光客を誘致するためにツツジにち

ツツジをモチーフにした切手。左は旧ロシアのツツジ「ザラチースティ」。ラテン語学名R・アウレウム［アウレウムは黄金色という意味］のロシア語逐語訳。

なんだ名が付けられた景勝地もある。華やかなネオンサインで、R・デラバイ（*R. delavayi*）という赤いツツジを一年中宣伝している町もある。

ロドデンドロン・アルボレウム（*Rhododendron arboreum*）は、ネパールの国花であり、インドのウッタラカンド州の州花でもある。しかし、地元の人々にとって、ツツジはシンボルである以上に、日用品として重宝されている。ツツジは、建築資材、料理の焚きつけ、害虫除け、お香、あらゆる体調不良の妙薬として幅広く利用されている。

ロドデンドロン（*Rhododendron*）は、ギリシア語で「バラの木」という意味だ。たしかに、満開のツツジの美しさはバラに勝るとも劣らない。しかし、文化的人気という点では、バラの足下にもおよばない。たしかにバラは、ほとんどのツツジに比べて、

中国貴州省北西部、畢節市の黔西地区。R・デラバイの文化的重要性を祝う街灯。

大きさの点で管理しやすく、開花期も長い。しかし、文化的に圧倒的に人気があるのは、バラがもともとヨーロッパ北部全域で自生していたからだろう。そのため、鑑賞用のツツジがはじめてヨーロッパにやって来るだいぶ前から、シェークスピアのような作家たちに親しまれてきた。多くの人にとってバラは文字どおり愛の花だ。そのため、ウェディングブーケに欠かせない存在になっている。ツツジがいたるところで花を咲かせ、ツツジにまつわるロマンチックな民間伝承に事欠かない中国の地方でも、バラは結婚式の主役の座にちゃっかりおさまっている。

つまり、ウェディングブーケや婚礼の花飾りにツツジが登場するのは、斬新なことなのだ。どちらかというと、ツツジは小説の殺人事件の現場に登場するほうが多い。

中国雲南省にて、植物学者どうしの結婚式。雲南省にはツツジにまつわる民間伝承がたくさんある。しかし地元の植物学者の場合でさえ、結婚式を彩る花といえばバラが主流だ。

「ファーニヴァルの娘」。過去200年間に作り出され、命名された何千ものツツジの栽培種のひとつ。

園芸種に関しては、ヨーロッパやアメリカでツツジがよく植えられているのは、広大な植物園、私有地、ゴルフコース、会社や役所の植え込みなどだろう。ただし北米では、丘陵地でのびのび生い茂っている種もある。世界に先駆けて、ツツジを園芸種として栽培するようになったのは日本人だろう。一方、中国人は野生に咲くツツジを愛でることを好む。

ヨーロッパで園芸が盛んになると、ジョゼフ・フッカー［1817～1911年。イギリスの植物学者。ダーウィンの親友として進化論の普及にも貢献した］、ジョージ・フォレスト［1873～1932年。スコットランドの植物学者］、フランク・キングドン＝ウォード［1885～1958年。イギリスの植物学者］といった怖いもの知らずの採集家たちが、あらゆる危険をものともせず、ヨーロッパ人がこれまで目にしたことのないツツジを祖国に持ち帰ろうとした。なかには志なかばで亡くなった者もいる。同じく、ツツジの栽培に重要な役割を果たしたのが育種家たちだ。最初から庭園に最適の種は存在しなかった。完璧な美と形、そして耐寒性を兼ね備えた品種を作ろうとする探究はいまも続けられている。

驚くことに、ツツジ（*Rhododendron*）は6000万歳になる。大半の種が生息するヒマラヤ山脈より昔から存在していることになる。その長い歴史を通じて、ツツジたちは何度も海を渡り、前進と後退を繰り返しながら爆発的に増加して、こんにちのような目眩《めまい》がするほどの多様性を獲得した。庭園と同様野生でも、自然交雑は重要な役割を果たしている。R・ポンティクムが野山にはびこる侵略者になったのもそのためだ。

したがって、本書ではツツジの歴史を詳しく検証していこう。野生と庭園の両方で、ツツジはどんな歴史を歩んできたのだろうか。さらに庭園以外の場所で、とくに医学と文化において、この植物は人類にどのような貢献を果たしているのかを検証しよう。不屈のR・ポンティクムについてはまる1章を用意している。そして最後は、ツツジの未来について考察して、締めくくるとしよう。

第1章　ツツジの性

夫は、ヒヨコ以外のあらゆるものをツツジと掛け合わせました。
――カール・イングリッシュ夫人、ハーフダン・レムについて語る（20世紀中頃）

20世紀、あるフランス人園芸家が、エディンバラ王立植物園のツツジの木から種子を採集した。それは植物園では禁止されていた行為だった。盗んだ種子はやがて芽を出し、花を咲かせたが、その花は、種子を採集した木の花とは似ても似つかなかった。この園芸家は臆面《おくめん》もなく王立植物園に宛てて手紙を書き、木のラベルが間違っていたと文句をつけた。手紙は人々の失笑を買い、その後、学校の試験問題にもなった。問題は学生にこう問いかける。「このフランス人はいったいなにがわかっていなかったのか、説明せよ」[1]

試験に及第するには、学生は、ツツジでは種の壁［種が異なる生物どうしは、生殖や感染症の伝播などが起こりにくいこと］を超えた自然交雑が起こりうるし、実際に起こっていること、とりわけ庭で近縁種が隣合わせに植えられている場合に起こりやすいことを理解していなくてはならない。最初に確認された自然交配種は、1819年にウィリアム・トンプソンの養苗店が発表した「アザ

アザレオデンドロンという非常に数少ない交配種のひとつ、「グローリー・オブ・リトルワース（リトルワースの栄光）」。正確な親を知っているのは育種家だけだが、おそらく、シャクナゲ亜属（無鱗片）とレンゲツツジ亜属の交配種だろう。

レオデンドロン」だ。この木は、養苗店の庭にあった、R・カレンデュラセウム（*R. calendulaceum*）とR・ポンティクムのあいだで自然の他花受粉が行なわれて誕生した。[2] この出来事がきっかけで、ツツジの品種改良が大流行した。流行はいまも続いている。このプロセスにきわめて重要なのは、ツツジの交配種はたいていきわめて繁殖力が高いということだ。そのおかげで何世代にもわたって連続して交配を行ない、ふたつないしそれ以上の種から望ましい形質を組み合わせる一方、不要な形質を排除できる。園芸学的に重要なほかの多くの属においても、交配種は重要だが、ツツジは、野生に自生する種であれ園芸種であれ、そこから生まれる交配種の多さにおいて――とくに大本植物のなかで――群を抜いている。

ごくおおざっぱに言って、種とは、互いに交配する個体群のことを言う。自然の状態では、集団外の個体と交配することはまったくないか、あったとしても珍しい。具体的に言うと、同じ種のふたつの個体を交配させると、同じ種のあらたな個体が生まれるが、別の種の個体と交配させると交配種が生まれる。純粋の種と違って、交配種は純粋種の種子から生まれたものではないので、自家受粉しても、親の個体とは似ても似つかない子が生まれる。そのため、交配種のツツジの栽培品種の性格を維持するには、クローンによって、すなわち挿し木［植物体の一部分（挿穂）を切り取って土壌などに挿してあたらしい個体を得る方法］か取り木［枝の一部分を土や水苔などで包む、あるいは覆土するなどして不定根を発生させてから、母植物から切り離してあたらしい個体を得る方法］によって繁殖させるしかない。したがって、栽培品種の名前を、交配種の元になったツツジに付け加えるときは、通常、ひとつのクローンにのみ割り当てる（この例は非常に早い時期に作られた交配種にはあてはまらない）。ただし、命名された栽培品種が、ある種のなかの厳選された形である場合は（それらは種子から作られる場合が多い）、完全な種の名前のあとに引用符で囲んだ栽培品種名が記される。たとえば、*Rhododendron ponticum* 'variegatum'［*variegatum* は「斑入り」という意味］といった具合である。これらは、種子から作られる場合もあればそうでない場合もあるだろう。それは、それらを特徴づける形質の遺伝子と、もちろん、誰が父親かによって決定される。

このほかにふたつの用語を理解しておく必要がある。亜種（ssp.）は、通常、ひとつの種のなかの明確な、通常は地理的な差異を示す。たとえば、R・アルボレウムのなかで、ネパールおよびシッキム周辺に生息するものは、亜種アルボレウム（ssp. *arboreum*）、中国に生息するものは亜種デラバイ（ssp. *delavayi* または *R. delavayi*）、南インドに生息するものは亜種ニラガリクム（ssp. *nilagaricum*）、

ロドデンドロン・アルボレウム、sp. アルボレウム（左）、ロドデンドロン・アルボレウム sp. シナモメウム（中央）、ロドデンドロン・アルボレウム sp. ゼラニクム（右）。同じ種のなかの3つの亜種。

スリランカに生息するものは亜種ゼイヤニクム（ssp. *zeylanicum*）という。「変種 variety」は、種のなかの比較的小さな変異を表す言葉で、通常、地理的差異はない。たとえば、*R. wardii* var. *wardii* の花は黄色く、*R. wardii* var. *puralbum* の花は白い。[3] まったく嘆かわしいことに、多くの解説者が（そのなかにはもっときちんと知識を身につけているべき人もいる）、「種 species」と「変種 variety」という言葉を混同している。気が遠くなるほどのツツジの多様性をしっかり理解するには、用語の正しい使い方がなによりも重要だ。

花の目的はセックスすることにある。セックスはなぜ重要なのか。それは世代ごとにあらたな遺伝子の組み合わせを作り出せるからだ。ツツジは膨大な数の花を咲かせる。花を咲かせるために必要なエネルギーを考えれば、彼らにとってセックスがいかに重要かがわかる。なにしろ彼らはセックスしなくても、取り木で子孫が増やせるのだから。開花したばかりのツツジの花を見てみよう。雄しべから糸状の花粉が垂れ下がっているのが見えるだ

ロドデンドロン・ワルディイ var. ワルディイ（左）、ロドデンドロン・ワルディイ var. プラルブム（右）。同じ種のなかで自然に生じた変種。

ろう。羽音をたてて飛び回るミツバチ、そよ風、なにかがそっと触れる、そんな些細な震動で雄しべは花粉を射出する。すると、花粉は粘着糸と呼ばれる微細な触手のおかげで糸状になり、花粉に触れるあらゆる昆虫に絡みつく。[4] こうして昆虫は花粉を別の花に運んでいく。そこではメスの受粉器官（柱頭）が完璧な着陸場を用意して待っている。

セックスのおかげで、それぞれの親の長所を併せ持った子が生まれる。通常、セックスは同じ種どうしで行なわれるが、異種どうしの交配はこの効果を増幅させる。ロドデンドロン・カタウビエンセ（*Rhododendron catawbiense*）は寒さに強い。R・グリフィシアヌム（*R. griffithianum*）は寒さに弱いが、はるかに美しい。これらの交配種のなかで最高の品種が、両方の特性を併せ持つ「シンシア」と「ジョージ・ハーディ」だ。一方、思いどおりの結果が得られなかったものは、種苗家たちによって処分されてしまった。自然選択も種苗家とほぼ同じ役目を果たしている。もっともすぐれた性質を備えた子孫が生き残ることで、種は進化し、適応することが可能になった。

ツツジの大木の周りを飛び交うミツバチを眺めていると、

左：ロドデンドロン・レティヴェニウム（熱帯産のビレア・グループのひとつ）の葯からぶら下がる粘着性の糸。エディンバラ王立植物園、熱帯山地性植物の温室にて。右：花粉媒介者が、ツツジの交配種（「サリタ・ローダー」x カロフィトゥム）の花の花柱と柱頭（受粉器官）に着地したところ。こうして花粉が届けられる。このやり方の方が、花弁をよじ登るより簡単に蜜にたどり着ける。

ちょっとした問題に気づくのではないか。ほとんどの花粉は、同じ株に咲く異なる花どうしでやり取りされている。それは自家受粉に、つまり近親交配につながる。それではその植物にとってなんの益にもならない。この問題を解決するために、ツツジの花の雌しべは、別の個体から運ばれてくる花粉を好む。そうやって、なるべく異なる株の親どうしから種子が作られるようにしている。これは、R・プリノフィルム（*R. prinophyllum*）について科学的に証明されている。[5] 植物においては、受粉に関連した正反対のメカニズムも作用している。植物は異なる種より同じ種の花粉を好む。そのため自然界では、交配種の形成は最小限に抑えられている。このふたつのメカニズムの作用によって、交配種が形成される可能性は、同じ種の異なる個体から花粉が得られないとき、たとえば、庭園や種苗園でよくあるように、異なる種の個体が1本ずつ近くで栽培されているような場合にもっ

F1交配種「シンシア」（上左）と「ジョージ・ハーディ」（上右）。どちらも、親のR・グリフィシアヌム（下左）の華やかさと、R・カタウビエンセ（下右）の耐寒性を兼ね備えている。ふたつの交配種の見た目の違いは、両親の種内の遺伝的多様性から生じたとしか考えられない。

とも高くなる。

　ツツジ属は自由に異種交配を行なうが、それにも限界はある。長いあいだ、ツツジ属は、ほとんど血縁関係にないカルミア属との異種交配が可能で、[6]その結果、「カルミオデンドロン」というすぐれた栽培品種が2種生まれたと考えられていた。ところが、近年行なわれたDNA分析の結果、その考えは否定された。どちらのカルミオデンドロンも、じつは純粋なツツジで、偶然の突然変異によって花の形が劇的に変化したものだった。[7]

　交配種では、遺伝子の組み合わせによって、なんらかの点で両親のどちらよりもすぐれた子が生まれることがある。たとえば、子が両親より大きな花を咲かせる場合がある。「プラエコックス」(Praecox)（R・シリアトゥムとR・ダウリクムの交配種。*R. ciliatum* x *dauricum*）は、親であるダウリクム［和名エゾムラサキツツジ］やシリアトゥムより寒さに強い。[8] これは「雑種強勢」と呼ばれる現象だ。第1世代の交配種（F1）は、それぞれの親の種から遺伝子群をもれなく受け継いでいる。そのため姿形にかなり一貫性がある。野生の *R. ponticum* x *caucasicum* や、*ferrugineum* x *hirsutum* も同様だ。[9] ある親から生まれたF1どうしのばらつきは、親の種のばらつきを反映している。たとえば「ジョージ・ハーディ」と「シンシア」は、どちらもグリフィシアヌムとカタウビエンセの交配種（*griffithianum* x *catawbiens*）だが、「ジョージ・ハーディ」の花の色は「シンシア」よりずっと薄い。実際、こうした親を持つ栽培品種のすべての種子に「アゾル」という名前がつけられていた時代、グリエルソニアヌムとディスコロル（*dis-color*）を掛け合わせたF1には、品質に著しいばらつきがあったため、購買者たちの怒りを買った。「アゾル」と名づけられていたのは、どんな花が咲くか見当もつかなかったからだ。[10]

1840年代、ロンドン郊外のバグショット村にあったウォタラー養苗園で、アルボレウムとマキシムムを掛け合わせたF1の苗木数百株が栽培されていた。そのなかに、他を圧倒してひときわ輝く、養苗園に一攫千金をもたらすと思われる苗木が1株あった。ほかのぱっとしない姉妹たちは十把《じっぱ》一絡《ひとから》げにして売られ、メイデンヘッドに植林するために運ばれていった。ところが、現場監督が真っ青になったことには、彼はその特別な苗木が間違いなく運ばれないように手配するのをうっかり忘れていた。養苗園主たちはその男に絶望的な救出作戦を命じた。夜の闇に紛れてメイデンヘッドの領地に忍び込み、お目当ての株を探し出して、姉妹ではあるが二束三文の別の株と植え替えるのだ、と。[11] こうして救出された木が、かの有名な「レディ・エレノア・カスカート」だ。このよう

「エバーラスティング」。ロドデンドロン・ウィリアムシアヌムとカルミア・ラティフォリア（アメリカ・シャクナゲ）の交配種「カルミオデンドロン」と考えられていたが、DNA 鑑定の結果、純粋なツツジであることがあきらかになった。ツツジが突然変異して通常と異なる花の形を持つようになったのだろう。R・ブラキカルプム［ハクサンシャクナゲ］か、シャクナゲ亜属シャクナゲ節のほかの木だろう。

にF1どうしのばらつきには、養苗園のドル箱スターと負け組ほどの差が生じる場合がある。

賢明な交配育成者が、こうした種内のばらつきを巧みに利用することもある。1889年、レオナーズリーの地所を相続したサー・エドマンド・ローダーは、もっとも大きく、もっとも香りのよい花を咲かせるR・フォルトゥネイ（*R.fortunei*）を庭に植えることにした。そして隣人に、R・グリフィシアヌムのなかで、とびぬけてすぐれた株の花粉を分けてくれるように頼んだ。こうして誕生したのがロデリ・グループだ。その花のF1の姉妹たちは、あらゆるツツジのなかで、それどころかイギリスの戸外で栽培されるあらゆる栽培種の灌木のなかで、もっとも大

ロドデンドロン・「プラエコックス」（上）。寒さにやや強いR・ダウリクム（下左）と寒さに弱いR・シリアトゥム（下右、花が霜にやられているのがわかる）のF1交配種。

きく、香りのよい花を咲かせる。それでも、庭で栽培されたF1は互いにそっくり同じというわけではなかった。同じ親から生まれたどんなきょうだいにも言えるように、それぞれが両親から異なる遺伝情報を受け取っていたからだ。ある木は白い花を、別の木はピンクの花を咲かせた[12]。

交配種間のばらつきは、F1のあとの交配種世代ではさらに広がっていく。というのも、F1の子は、それぞれ親の種から遺伝子のすべてではなく、一部しか受け継がず、それによって異なる遺伝子がつくり出されるからだ。一部の遺伝子が失われることで、劇的な効果がもたらされる場合もある。たとえば八重の花が生じるのは、花の生長を制御する遺伝子が欠けたために、雄しべや萼片《がくへん》が余分な花弁になるからだ。本章でこれから取り上げるクルメツツジや第4章で取り上げるビレアのバルサマエフロルム・グループにも、こうした八重の花を咲かせる品種がある。遺伝子の思いがけない組み合わせや変化によって、第2世代以降の交配種のばらつきは非常に大きくなる。科学者たちはこれを「分離」と呼んでいる。

中国西部の百里《ひゃくり》では、乳白色の花を咲かせるR・イロラトゥム（*R. irroratum*）と赤い花のR・デラバイの交配種の巨大な群生がある。その木々は、乳白色から赤までありとあらゆる色の花を咲かせる。1株の木にさまざまな色の花を咲かせるものもあるという。大勢の観光客が専用の小さなカートに乗って、花盛りの木々を鑑賞する最高の場所を求めて移動する。しかし、その時期を過ぎると、ホテルには空室が目立ち、カートを利用する人もいない。2、3週間もすると見頃を迎えるR・シムシイの鮮やかな赤い花は、誰に見られることもなく散っていく。

じつは「分離」の効果は、世界的にもっとも有名なツツジの栽培品種グループのおかげで、イギ

ロデリたち：厳選されたふたつの個体から生まれた交配種のうち、名前を授かった子孫6種。同じ両親から生まれた兄弟姉妹にも見られるように、微妙な違いのあることがわかる。上（左から右に）「ロデリ・ホワイトダイヤモンド」、「ロデリ・ヴィーナス」、「ロデリ・ピンクトパーズ」。下（左から右に）「ロデリ・ゲームチック［闘鶏］」、「ロデリ・キングジョージ」、「ロデリ・ペーシェンス」

リスの庭園でも鑑賞することができる。

1918年、偉大な植物収集家アーネスト・ウィルソン［1876〜1930年］は、日本の久留米《くるめ》を訪れ、数百ものツツジの栽培品種が所狭しと並べられた養苗園をいたるところで目にした。のちにクルメツツジとして知られるこの花を、ウィルソンは「あらゆるツツジのなかでもっとも美しい花」と呼んだ。白から緋色まであらゆる色の花があり、姿形も大きさも、じつに多種多様だった。なかには、雄しべが変形して、正常な花弁のなかで余計な花弁が渦を巻いているものもあった（「八重咲き」）。ウィルソンが聞いた話では、そのほとんどが霧島連峰で採集された「アズマカガミ」という栽培品種の、たった一本の苗木の子孫ということだった。霧島連峰は日本の霊場のひとつで、神話によると、太陽神にして日本の皇祖神でもある天照大神《アマテラスオオミカミ》の孫、

「レディ・エレノア・カスカート」は、バグショット村のウォタラー養苗園が作り出したマキシムム×アルボレウムのF1株のなかで、最も優れた個体だ。

クルメツツジの親。左：「アズマカガミ」、ピンク色のクルメツツジの園芸交配種はすべてこの花の子孫と言われている。右：親となった種。R・キウシアヌム［ミヤマキリシマ］（上）、R・カエムプフェリ［ヤマツツジ］（下）

瓊瓊杵尊《ニニギノミコト》が降臨した場所だ。[13] ウィルソンは、これらのなかでもっともすぐれた50の栽培品種をヨーロッパと北米に送った。そのほとんどがいまでも栽培されている。とはいえ、これらの元になった「アズマカガミ」の苗木を購入したいという希望は丁重に断られた。[14]

いまでは、霧島連峰の個体群はすべて、R・キウシアヌム（*R. kiusianum*［ミヤマキリシマ］）とR・カエムプフェリ（*R. kaempferi*［和名ヤマツツジ］）の交配種であることがわかっている。[15] ここでは、信じられないほど多種多様な姿形の木が生まれ、栽培品種として保存されている。そう考えると、植物学の草創期にケンプファー［1651～1716年。ドイツの医師、博物学者。江戸中期に日本に滞在、『日本誌』などの著作がある］が、日本のツツジを21種類に分類したのに対して、ツンベルグ［1743～1828年。スウェーデンの医師、植物学者。江戸中期に来日、『日本植物誌』などを著した］が、これらはすべてきわめて多様なひとつの種であると考えたのも納得がいく。クルメツツジの栽培

クルメツツジ。ウィルソンが日本から輸入した50の栽培品種のなかの20種。上から下、そして左から右に、相生、朝霞、綾の冠、紅筆、美人酔、初被、花遊、日の出霧、日の出の鷹、鳳凰、今猩々、以呂波山、重篝火、霞ヶ関、桂の花、君ヶ代、麒麟、桐壺、雲の上、位の紐。

クルメツツジ。ウィルソンが日本から輸入した50の栽培品種の続き。上から下、そして左から右に、暮の雪、乙女、老の目覚、思寝、長楽の苗木、羅生門、早乙女、青海、新青海、新台、新鴇の羽重、菅の糸、酔楊妃、高砂、玉の台、丹頂、蔦紅葉、浮かむ瀬(おそらく)、若楓、万代。

ロンドン、リッチモンド・パーク内にあるイザベラ・プランテーションのせせらぎ。両岸に種々様々なツツジの交配園芸種が植えられている。

ヴァージニア・ウォーターを望むヴァレー・ガーデンのパンチ・ボウルは、クルメツツジの宝庫だ。

品種に見られる多種多様な姿形は、野生の交配種にも見られる。それは、たったふたつの種から生まれた変種の分離が、このような多様性に満ちたものであることを示している。[16]

これほど多くの交配種が生まれているというのに、なぜR・キウシアヌムとR・カエムプフェリは、秩序のない巨大なかたまりに飲み込まれてしまわないのか？　なぜ、野生の交配種は通常異例で、慣例ではないのか？　先に述べたように、花には、自分と同じ種の花粉が近くにあればそちらを好む能力があり、それがF1の形成を最小限に抑えている。しかしひとたびF1が形成されれば、百里や霧島連峰のように、交配種がおおいに繁栄する場合もある。鍵となるのは生態環境だろう。R・キウシアヌムは標高の高い場所に自生し、葉は小さく、落葉する。一方、R・カエムプフェリは標高の低い場所に自生し、葉は大きく、一年中青々としている。もともと彼らが自生する標高の地域では、自然選択は交配種より純粋な種を好む。その中間の狭い地帯でのみ、交配種は生い茂ることができる。

同じようにごく狭い標高帯で栄えているのが、*R. x sochadzeae* だ。この種は、トルコ北東部、黒海を北に望む山の標高1900メートル付近の斜面に生育している。親にあたるR・ポンティクムとR・カウカシクム（*R. caucasicum*）は、それぞれ、これより高い地帯と低い地帯に生育している。驚くことに、*R. x sochadzeae* の株はすべて第1世代らしい。山の斜面の中間地帯に完璧に適応するには、それぞれの親から遺伝子群をまるごと受け継ぐ必要があるのだろう。[17] 同様に、オーストリア・アルプスでは、R・フェルギネウムは酸性の土壌に、R・ヒルストゥムはアルカリ性の土壌に分布している。そして、交配種の *R. x intermedium* はpHが中性の場所に生い茂っており、そのほとんどが交配種第1世代だ。[18]

「分離」は、容姿だけでなく、生態系に適応する能力のばらつきも生む。そのため、人間が地形を破壊し、これまでなかった生態環境が作り出された場所では、概して第2世代のほうがうまくやっていける。百里も霧島も、数世紀にわたる人間の活動によって環境が変化した。一方、トルコ北東部の山岳地帯やアルプス山脈はそれほど変化していない。庭園以外の場所でも、人間は期せずして、ツツジのあらたな交配種の形成を促している。

今後の章では、意図的に作り出された交配種をさらに詳しく取り上げるが、クルメツツジは、自然界で交配種が生み出しているのと同様のばらつきを、人間の庭園で再現している点で興味深い。クルメツツジは、ウィンザー・グレート・パーク内のパンチボウル（足下にヴァージニア・ウォーターが流れているたいへん美しい場所）や、ロンドンのリッチモンド・パークにあるイザベラ・プランテーションで栽培されている（どちらも入園料は不要）。そのほかの場所では、クルメツツジは、同じクルメツツジからあらたに作られた交配種や、「マルヴァティカ」とその子孫などの種を付け加えた交配種に一部取って代わられている。

第2章　アザレアの興亡

これらを見分けるには、まず花を見てみましょう。ほとんどのアザレアには雄しべが5本ないし6本しかありませんが、ほとんどのツツジには雄しべが10本あります。

――「アザレア」、www.azaleas.org、2007年7月14日

1995年頃、ツツジの専門家のデーヴィッド・チェンバレンは、鑑定人として呼び出された。そこでは隣人どうしが激しく言い争っていた。一方は、両者の敷地を隔てている低木の垣根をブルドーザーで撤去したいと言い、もう一方は、両者の敷地について定めた厳格な約定を引用した。そこには、敷地を隔てているツツジの木を撤去してはならないとある。しかし、と相手は言った。あれはツツジじゃない、アザレアだ。よって約定は適用されない[1]！

たしかに、「アザレア」ほど人々に親しまれている植物の名は少ない。www.rhododendrons.comというウェブサイトには、1000種類以上のアザレアの栽培品種が記されている。一方、www.azaleas.orgは、全部で1万種類以上の栽培品種が存在すると主張している。ところが、科学的に言うと、「アザレア」という植物は存在しない。「アザレア」はすべてツツジである。そしていわゆ

る「アザレア」のなかには、ほかの「アザレア」と遺伝的にほとんど関係ないものもある。というわけで、激しく対立する隣人たちの敷地を隔てていた「アザレア」は刑を免除された。そして、渋々ながらも垣根の管理を含む妥協案が結ばれた。[2] とはいえ、この論争の発端となった植物のややこしい命名は、どのように行なわれたのか？

1495年、中国で、ツツジを体系的に分類しようという試みがはじめて記録され、20種類のツツジが認定された。[3] 一方、西洋では、ツツジはひとつまたひとつと科学者の目に留まるようになっていった。1680年、オランダで栽培されていた「チャマエロドデンドロン・エギゾティクム・アンプリッシムス・フロリブス・リリアセイス・フルテクス・スペクタビリス・エレガンス *Chamaerhododendron exoticum amplissimus floribus liliaceis frutex spectabilis elegans*」という植物が記録された。[4] 日本から、おそらくジャワ島を経由して運ばれてきたものだろう。一方、アメリカのヴァージニア州では、ジョン・バニスターというイギリス人宣教師が、偉大な植物学者ジョン・レイ［1627〜1705年。本草を離れた最初の植物学者と言われる。分類学上の種の概念を明確にした］に、アメリカの植物のスケッチを送っていた。そのなかに「シストゥス・ヴィルギニアナ、フローレ&オドーレ・ペリクリメニ *Cistus Virginiana, flore & odore Periclymeni*」があった。まもなく、「シストゥス・ヴィルギニアナ・ペリクリメニ・フローレ・アムプリオレ・ミヌス・オドラト *Cistus virginiana Periclymeni flore ampliore minus odorato*」が続いた。さらに1737年には、ヨーロッパの高山性種「アザレア・ラミス・ディフューゾ・プロクムベンティブス *Azalea ramis diffuso procumbentibus*」が加わった。[5]

植物の命名はあきらかに、厄介な、非体系的作業だった。1753年、リンネ［1707〜78年、

リンネが考えた、いまはなきアザレア属の6つの初期メンバー。A・プロクムベンス（現在はカルミア・プロクムベンス）、A・ヌディフロルム（現在はR・ペリクリメノイデス）、A・ポンティカ（現在はR・ルテウム）、A・ヴィスコサ、A・ヤッポニカ、A・インディカ。

スウェーデンの植物学者。科学としての分類学を創始した」というひとりの天才がこれを変えた。彼は先に挙げた4つの植物の名前をそれぞれ、アザレア・インディカ（*Azalea indica*）、A・ヴィスコサ（*A. viscosa*）、A・ルテア[6]（現在は*R. periclymenoides*）、A・プロクムベンス（*A. procumbens*）に変更し、A・ポンティカ（*A. pontica*、現在は*R. luteum*）、A・ヤッポニカ（*A. lapponica*）を付け加えた。この初期の段階でさえ、アザレアのなかには常緑性（インディカ、ヤッポニカ、プロクムベンス）と落葉性が入り交じっていた。

リンネの偉大な洞察は、植物を雄しべ、雌しべ、花弁の数と形で分類した点にある。たとえば、彼の6つのアザレアはいずれも、5本の雄しべと5枚の融合した花弁を持っていた。そしてそれがアザレアを、たとえば、無数の雄しべと融合していない花弁を持つシストゥスと分けていた。ところがリンネの手元には、このほかに、アザレアと似ているが雄しべが10本ある5つの種の標本もあった。リンネの体系にしたがえば、これらの種は、雄しべが5本のアザレアと同属とはなりえない。そこでリンネはこれらの植物をツツジ（*Rhododendron*）と呼んだ。この5つの種は、北米原産のR・マキシムム、シベリア原産のR・ダウリクム、高山性種のR・カマエシストゥス（*R. chamaecistus*）、R・フェルギネウム、R・ヒルストゥムだった。その後すぐにロドデンドロン・ポンティクムが加わった。こうして、少なくとも園芸界においては分裂が生じ、永遠に続くことになる。

同様の原則にしたがって、雄しべは10本だが花弁の数が異なる種について、さらにふたつの属が作られた。1762年、リンネは、カナダとその周辺に分布する落葉性のロドラ（*Rhodora*）［ツツジ科ツツジ属の小低木、*Rhododendron canadense*］について記述した。一見すると、その木には花弁が3枚しかないようだった（実際には、3枚の花弁がくっついて1枚になっていた）。一方、1826年にカール・ルートヴィヒ・ブルーム［1796〜1862年、ドイツ生まれ、オランダで働いた植物学者］が、日本原産の、常緑性で7枚の花弁を持つシャクナゲ（*Hymenanthes*）を属に昇格させた。同年、ブルームは、熱帯生まれの優美な花、V・マラヤナ（*V. malayana*）のためにビレアという第5の属も作った。

1753年以降、アザレア属は少しずつ大きくなっていった。1803年にミショー［1770〜1855年。フランスの植物学者。アメリカで調査旅行を行なった］が記録したR・カレンデュラセウムやR・カネスケンス（*R. canescens*）など、あらたにできたレンゲツツジ亜属グループの種が

リンネが考えた、ツツジ属の5つの初期メンバー。R・ヒルストゥム、R・チャマエシストゥス（現在はロドサムヌス・チャマエシストゥス）、R・マキシムム、R・ダウリクム、R・フェルギネウム。

北米で散発的に発見されたからだ。しかし、その頃にはすでに最初の不協和音が発生していた。1796年、ソールズベリーがはじめて、ツツジ属とアザレア属をひとつにまとめるべきだと提案した。[7] 1824年にアザレア属の4つの種がツツジ属に移された。1834年には、当時あらたに加わったA・モレ（*A. molle*）、A・アルボレセンス（*A. arborescens*）、A・ムクロナトム（*A. mucronatum*）も含め、アザレアの種はすべてツツジ属に移された。[8] とはいえ、みんながこれに賛成したわけではなかった。

当時、R・インディクム［和名サツキ］と近縁にある常緑性のアザレアが、中国や日本から送られてくるようになり、1863年には、10種が到着していたが、[9] 雄しべが10本のものもあれば5本のものもあった。リンネが考えたアザレアの定義はますます頼りなく思

一時期別の属に入れられていたツツジたち。R・カナデンシス（ロドラ）、R・デグロニアヌム・ヘプタメルム（ヒメナンセス・ジャポニクム）、R・マラヤヌム（ビレア）。

えてきた。カムチャツカ半島でR・シュリッペンバチイ（*R. schlippenbachii*［和名クロフネツツジ］）が、朝鮮半島でR・アルブレヒチイ（*R. albrechtii*［和名ムラサキヤシオツツジ］）が見つかり、10本の雄しべを持ち、かつ、落葉性でもある種が存在することが証明された。一方、日本に分布するR・デグロニアヌム（*R. degronianum*［和名アズマシャクナゲ］）は、花弁が5枚であることを除けば、ヒメナンセス・ジャポニクム（*Hymenanthes japonicum*）とほぼ変わりなかった。1876年には、アメリカ原産の稀少なR・ヴァセイエ（*R. vaseyi*）が発見された。ロドラ・カナデンシスに似ていたが、雄しべは7本、花弁は5枚だった。[10] これらの植物の単純な境界線は論理的に破綻していた。

分類学は奇妙な科学だ。人々の意見、相違と合意によっていまも前進している。ひとりの科学者があらたな種を確立したり、ある種をあらたな属に移したりしたからといって、ほかの人々がそれを受け入れなければならないわけではない。古色蒼然とした非効率的な学問に思えるかもしれないが、イギリスのR・ポンティクムの個体群をロドデンドロン×スペルポンティクム（*R. x superponticum*）に改名するといった、無益で間違った決定を阻止するという重要な役目を果たしている。[11]

したがって、アザレア属とツツジ属をひとまとめにすることについて、植物学者は反対して構わないし、実際に反対している人もいる。北米には、常緑性のアザレアも、落葉性でありかつ雄しべが10本の種も、存在しない。そのため、北米の在来種に注目している人にとっては、アザレアとツツジの区別はあいかわらず単純明快で、落葉性＝アザレア、常緑性＝ツツジだ。その結果、1824年から1943年にかけて、植物学上の親権者争いとでもいったものが起きた。落葉性、あるいは5本の雄しべを持つ種が発見されて、誰かがアザレアとして記述すると、別の誰かがすみ

アザレア、ツツジ、シャクナゲの分け方に異議を申し立てたツツジたち。R・デグロニアヌム（あきらかにシャクナゲだが、花弁が7枚ではなく5枚）、R・シュリッペンバチイ（落葉性で雄しべは10本）、R・ヴァセイエ（ロドラに似ているが、花弁は5枚、雄しべは5本か10本）、R・ルブロピロスム（ツツジ、雄しべは5本）、R・イェドンセ・ポウクハネンセ（ツツジ、雄しべは10本）

ロドデンドロン・セミバルバトゥム［和名バイカツツジ］：変則的なツツジの種であるため、バイカツツジ亜属に単独で属する。最近の分子データは、この種が、他のどの種よりもR・ニッポニクムに近い可能性を示唆している。

やかにその種をツツジに移し、またアザレアに戻されるということが起きた。たとえば、1913年にスモールがアメリカ原産の3つの種を発見してアザレア属に加えると、1917年にレーダーがこれらをツツジ属に移した。すると1933年、スモールは、レーダーが発見したR・アラバメンセ（*R. alabamense*）をアザレア属に移して仕返しした。しかし彼のやっていることは時代の流れに逆行していた。1943年、アザレア属に新種を加える最後の試みが行なわれた。コープランドがR・クムベルランデンセ（*R. cumberlandense*）をアザレア属に移したが、ほかの人たちはこれを無視した。[12] これ以降、固有の属としてのアザレア、すなわち科学的実存としてのアザレアは存在しなくなった。

20世紀初頭、ツツジ属は怪獣のように巨大化していった。アザレア、ロドラ、ビレア、シャクナゲを飲み込み、アジアで次々と発見される膨大な新種のために急速に膨張した。こうして最終的にツツジ属の種は1000を超えた。この多様性を把握するには、理にかなった下位分類システムが必要だった。こうして、ツツジ属は現在8つの亜属に分類されている。[13] ヒカゲツツジ亜属には、熱帯性のビレアを含む462種が属している。葉の下に鱗片を持つことから「有鱗片ツツジ」と呼ばれている。次に巨大なのがシャクナゲ亜属で、「無鱗片（すなわち、葉の下に鱗片がない）」で常緑性の224種がある。その次に大きいのがツツジ亜属で、常緑性から落葉性の「アザレア」まで80種を含む。レンゲツツジ亜属とヤマツツジ亜属には、それぞれ18種と16種の「アザレア」が含まれ、北米に分布するツツジ属はほぼすべてレンゲツツジ亜属に含まれる。最後に、カンディダストルム亜属、バイカツツジ亜属、エゾツツジ亜属がある。これらの亜種にはどれも1種しか属していない（ただしエゾツツジ亜属については、もうひとつの種が認められる場合もある）。大きい亜属はさらに節と亜節に分割される。

近年、DNA分析の結果、ツツジ属の種どうしの進化的関係が、実際にどのようなものだったかがあきらかにされた。その結果、正しいことが証明された分類もあれば、再考を迫られている分類もある。まず、さまざまなDNA研究の結果、アザレアとツツジに違いのないことがはっきりした。[14]また、ヒカゲツツジ亜属、シャクナゲ亜属、ツツジ亜属がいずれも自然群、すなわち科学的用語でいう「単一系統［ある動物群が単一の分類型の祖先から発生したこと］」であることが証明された。すなわち、これらの植物群の構成員はそれぞれ共通の祖先から発生している。言い換えれば、その祖先から発生してこれらの群に属していない種はないということだ。逆に、ヤマツツジ亜属には、近縁関係にないふたつの進化系統が含まれている。同様に、北米のレンゲツツジ亜属の種と、R・ルテウム（*R. luteum*）、R・モレは、レンゲツツジ亜属とされている他のアザレアより、常緑性のシャクナゲ亜属に近いことがわかった。実際、これらの亜属どうしを交配させた「グローリー・オブ・リトルワース」など、「アザレオデンドロン」という交配種の存在が、これらが近縁関係にあるなによりの証拠だ。そうでもなければ、ツツジ属の亜属どうしを交配させて品種改良を行なうのは、きわめて困難であるか不可能なのだから。

なにより意外だったのは、DNA分析の結果、ツツジとは外見がまったく異なるイソツツジ属（*Ledum*）とヨウラクツツジ属（*Menziesia*）が、ツツジ属に属していることがはっきり証明されたことだった。ヨウラクツツジ属の卵形の花は、ツツジ属よりエリカ属の花の形に似ている。しかしそれは、強い自然選択が働いて通常と異なる花の形が好まれたことの現われだろう。R・アルビフロルム（*R. albiflorum*）、R・シュリッペンバチイ、R・ヴァセイエなどがこれにもっとも近いようだ。さらなるDNAの証拠によってその関係があきらかになれば、ヨウラクツツジ属は、ツツジ属のなかのヨウラクツツジ亜属として再分類されるだろう。イソツツジ属はすでにヒカゲツツジ亜属のなかのイソツツジ節に降格されている。

8つのツツジ亜属の名前はすべて、シャクナゲ亜属のように、もともと固有の属で、のちにツツジ属に統合された属の名前がそのまま用いられている。それでは、なぜアザレア亜属がないのだろう？　植物学の分類では、あたらしい属が作られるとき、その属にはタイプ種として知られる種の名前が付けられる。属がふたつに分割される場合は、タイプ種を含むグループがもとの名前を踏襲し、もう一方のグループにはあらたな名前がつけられる。

ツツジ属のタイプ種はアルペンローゼ（R・フェルギネウム）、一方、アザレアのタイプ種は、ミネズオウ（A・プロクムベンス）である。残念ながら、ミネズオウは、葉の形などの重要な特性がツツジと異なるために、ツツジ属に移されなかった唯一のアザレアだった。そして実際、1813年に、ほかのアザレアとは異なる属に入れられた。正規のルールによって、これに伴いアザレアの名前は消え、混乱を避けるために、あたらしい属にはミネズオウ属 *Loiseleuria* というあたらしい名前がつけられた。ほかのアザレアはアザレア属に留まり、園芸家たちをほっとさせたが、アザレア属にはタイプ種がなくなった。つまりツツジ属に組み込まれたとき、下位集団の名前とし

メンジエシア・キリイカルクス（*Menziesia ciliicalyx*[和名ツリガネツツジ、ウスギヨウラク]）は、ツツジのように見えないが、DNA分析の結果、じつは高度に修正されたツツジ属の仲間であることがわかった。

て「アザレア」を使うことができなくなった。[15] 現在、DNA分析の結果、ミネズオウ（ロイセレウリア・プロクムベンス *Loiseleuria procumbens*）は、正確にはカルミア属の仲間であることがわかっている。[16]

科学的文献から姿を消しつつあったとはいえ、アザレアは方々の庭園で爆発的に増えていった。19世紀に入ってから大量に現われはじめた園芸用交配種は、ほとんどすべてがレンゲツツジ亜属の系統に連なるアザレアか、シャクナゲ亜属もしくは（それより少なくはあったが）ヒカゲツツジ亜属に連なるツツジだった。亜属どうしが交配することはほぼありえないので、亜属はそれぞれ栽培品種として異なる道を歩んだ。レゲツツジ亜属アザレアの栽培品種の物語は——少なくともヨーロッパでは——ゲント・アザレアから本格的

ゲント・アザレア。上（左から右に）「グローリア・ムンディ」、「ナンシー・ウォタラー」、「アイリーン・コスター」：中（左から右に）「ユニーク」、「ノーマ」、「ダビエシイ」：下（左から右に）「コルネイユ」、「ナルシシフロルム」、「ピュセラ」

にはじまった。
実験に明け暮れる交配育成者や種苗家にとって、アザレアには、常緑性のツツジにまさるあきらかな長所がひとつあった。アザレアは、ツツジよりずっと早く、発芽してからわずか2年で花を咲かせることができる。[17] こうしてアザレアの改良品種は、ツツジより先に庭園に姿を見せるようになった。アザレアの交配に最初に取り組んだのはイギリス人だったかもしれない。しかし、彼らが作った改良種は、P・モルティィエというベルギー人（本業はパン職人だった）が作り出し、のちにゲント・アザレアと呼ばれるようになる一連の栽培品種の前にすっかり影が薄くなってしまった。ゲント・アザレアは、R・ルテウム、R・カレンデュラセウム、R・ペリクリメノイデス（*R. periclymenoides*。当時はA・ヌディフロルム *A. nudiflorum* と呼ばれていた）、それより頻度は劣るが、R・ヴィスコスム（*R. viscosum*）とR・アルボレセンス（*R. arborescens*）という、レンゲツツジ亜属の5種を交配させて作られた栽培品種だ。1830年代にイギリスに到着するとおおいに称賛され、1836年にはたった1冊のカタログになんと72種のゲント・アザレアが掲載された。ゲント・アザレアはその後も増え続けて200種を超えるまでになった。色彩の豊かさ、芳香、耐寒性に人々は称賛を惜しまなかった。[18] もっとも、ヴィクトリア時代の園芸家、ヘンリー・ブライトはこの花の邪悪な一面に気づいていた。

広く知られているように、残酷で強欲という点において、どんなハエトリソウも、ありふれたゲント・アザレア（とくに甘い芳香を放つ黄色い種）にはかなわないだろう。私は、たった

1輪の花の上に……6匹の蠅がとまっているのを見た。そのうち4匹は完全に死んでいて、1匹か2匹は羽の残骸しか残っていなかった。残りの2匹はまだ生きていたが、アザレアに生命を吸い取られようとしていた。アザレアが粘着性の毛でしっかりつかんでいたので、蠅を逃がしてやることはできなかった……おそらく、数百匹の蠅がそのアザレアの木の餌食になっていたはずだ。[19]

「ゲント・アザレア」の「ゲント」は、モルティエのパン屋があった町の名前だが、当初は、前述の5種以外の種が混じっていなければ、どこで交配されたものであれ、ゲント・アザレアと名乗ることができた。たとえば、イギリス、サリー州のナップヒル村で開発された「ナンシー・ウォタラー」も「ゲント・アザレア」だった。近年、ゲント・アザレアは鑑賞用植物としてははじめて、PGI（地理的表示保護）の資格を認められるという栄誉に浴した。いわば植物のアーブロー・スモーキー［スコットランド東部アーブロース名物の小鱈の燻製］、コーニッシュ・パスティ［イギリス、コーンウォール地方の伝統的な惣菜パイ］、ロックフォール・チーズ［フランスのラングドック地方で生産される代表的なブルーチーズ］となったのである。[20] そのため現在は、あらたに作り出された改良種のなかで、ベルギーのフランドル地方東部の町ゲントとその周辺で栽培されたもののみが、「ゲント・アザレア」と名乗ることができる。

ゲント・アザレアは当初、園芸界のなかで燦然《さんぜん》と光り輝いていたが、いまでは多くの品種が栽培されなくなってしまった。[21] まもなく、あらたに外国からもたらされた品種から新世代の交配種が生まれると競争が激化した。当初、アザレア・モリス（*Azalea mollis*）と呼ばれていたロドデンドロン・モレ（*Rhododendron molle*）は、通常黄色い花を咲かせる中国原産の亜種モレ *molle* と、日本原産の亜種ジャポニクム *japonicum*［和名レンゲツツジ］を交配させた品種で、黄色、オレンジ、鮮やかな赤とさまざまな色の花を咲かせる。ロドレンドロン・モレ（当時はアザレア・モリス）、ゲント・アザレア、および、その親の種を祖先とする品種はすべて、モリス・アザレア・グループと呼ばれている。目の覚めるような赤とオレンジの花がトレードマークだ。これらの品種はそれぞれ個別に開発された。1870年以前はルイ・ヴァン・ホウテ［1810～76年。ベルギーの園芸家］が、1892年以降はコスター家が手がけていた。1877年には、ベルギーにはたくさんのゲント・アザレアとモリス・アザレアがあったが、イギリスの庭園にはまだ普及していなかった[22]。

この間、イギリスの種苗家たちが怠けていたわけではない。アザレアの物語でとくに重要な役割を果たすのが、サリー州バグショットの近くにあるナップヒルだ。この場所は、1770年にマイケル・ウォタラーが購入して沼地を干拓したのち、ツツジの養苗店になった。やがて土地と事業は息子のマイケル・ジュニアに譲られたが、1842年にジュニアが亡くなると、事業は、マイケル・ジュニアのふたりの兄弟のあいだで分割された。ホジーアがナップヒルの土地をそっくり受け継ぎ、ジョンは買収したばかりのバグショットの養苗店を相続した。こうしてふたりの店は互いに商売敵となり、その関係は第一次世界大戦がはじまるまで続いた。ホジーアは、店の名を記した荷馬車や貨車にツツジやアザレアの大量の株を積んでロンドンに送り、養苗園を宣伝した。養苗園を継いだ甥のアンソニーは、当初、ロバート・ゴドフリーという人物と共同で店を経営した。1870年か

モリス・アザレア：上（左から右に）「コスターズ・ブリリアント・レッド」と「アンソニー・コスター」、「ブリリアント・レッド」：中（左から右に）「スペックス・オレンジ」、「スノードリフト［雪の吹きだまり］」、「クリストファー・レン」：下（左から右に）「スペックス・ブリリアント」、「レモナラ」、「ドクター・M・オーストーク」

ウォタラー一族によって栽培されていたナップ・ヒル・アザレア：上（左から右に）「ゴグ」、「ホワイトスロート」：下（左から右に）「ダブル・ダマスク［八重のダマスク］」、「ゴールデン・オーリオル［コウライウグイス］」

ら90年にかけて、アンソニーはツツジとアザレアを、ロンドンのリージェンツ・パークに出荷し、一方、いとこで商売敵のジョン・ジュニアは自分の店の近くにあるカドガン・プレイスに出荷した。[23]

アンソニー・ウォタラーは変人だった。とりわけ寒さの厳しい冬に、アラウカリア・イムブリカリア（*Araucaria imbricaria*）の数千本の苗木が全滅すると、霜に弱い草木を養苗園から追放した。[24]とはいえこの人物は、1851年にウィリアム・ロブ「1809～64年。イギリスの植物収集家」がイギリスに持ち帰り、ヴィーチ養苗店が販売していたR・オクシデンタレ（*R. occidentale*）の可能性を見出した。多くの人にとってこの木は、R・ペリクリメ

エクスベリー・アザレア：上（左から右に）「バジリスク」、「クラリス」、「エクスベリー・ホワイト」：下（左から右に）「ジブラルタル」、「ピンク・ディライト」、「サンテ・ネクタリン」

ノイデス（*R. periclymenoides*）と大差ない、ぱっとしないアザレアに過ぎなかった。[25] しかし、アンソニーは、この木の、上品な芳香を放つ大きくて存在感のある花、秋に美しく紅葉する面白い形の葉、比較的開花時期が遅く（そのため霜の被害をおそれなくてすむ）、夏至を過ぎても花が咲き続ける点に注目した。そこで品種改良を通じて、これらの有用な特性と、モリス・アザレアやゲント・アザレアの最高の特性とを併せ持つナップヒル・アザレア・グループを作り出した。

ところがこれらのアザレアは、開発された当初、ゲント・グループやモリス・グループに競争する機会を与えなかった。というのも、1896年に事業を引き継いだアンソニー・ジュニアが、これらの花を手放そうとしなかったからだ。彼は生涯結婚せず、横暴で、少々常軌を逸したところがあっても許される程度には裕福だった。[26] 隠遁した芸術家のように、自分の最高傑作を手元に残しておこうとした。一定の水準を満たしていないとみなした苗木をまとめて処分しろと唐突に命じることもあった。ほかにも、レンゲツツジ亜属の交配種は、常緑性のツツジに比べて無性繁殖が難しく[27]、すべての交配種に言えるように、種子から増やすことができないので、大量に販売するのが難しいという事情もあったのだろう。その結果、ナップヒルの交配種は、アンソニー・ジュニアが亡くなるまで一般購買者向けのパンフレットに掲載されなかった。その後、従兄弟のゴーマー（ジョンの息子）が養苗店を引き継ぎ、できるだけ多くの株を救出した。ウォタラー一族最後の男子となったゴーマーの息子ドナルドは、アンソニーが残した苗木から多くのすぐれた交配種を作り出した。[28]

ナップヒルのアザレアを手放すようにウォタラー一族を説得したのは、ライオネル・ド・ロスチャイルド［1808～79年。イギリスの銀行家、政治家。ヨーロッパの金融界に君臨した財閥ロスチャイルド家の2代目］だった。[29] 1919年、ロスチャイルドは、ハンプシャー州にあるエクスベリーの地所を購入すると、ただちに、ウォタラー家から譲り受けたアザレアの品種改良に、精力的かつ情熱的に取り組んだ。彼の願いは花の色を改良することだった。そして2世代ののちに、最良の苗木をお披露目するようになった。そのなかには、チェルシー・フラワー・ショー［毎年5月にイギリス王立園芸協会が主催して行なうガーデニングイベント］で絶賛されたものもある。とつじょ彼らはエクスベリー・アザレアと呼ばれるようになり、ナップヒルにいたご先祖たちには許されなかった脚光を浴びるようになった。[30] ロスチャイルドは広大な敷地に大規模な養苗園を建設したが、この木を欲しがる世間の需要が大きすぎて、栄養繁殖だけでは供給が追いつかなかった［栄養繁殖は無性生殖の一種。植物の栄養体の一部を母体から分離して新個体を形成する生殖法］。そこで、種子から増やして栽培し、花の色ごとに分けて売ることにした。開花している木を買い手が見られるのであれば問題なかったが、種子のまま売る場合（たとえば北米に送る場合など）、交配種を種子によって再現することは不可能なので、その木にどんな色の花が咲くのか買い手にはわからなかった[31]（第1章を参照）。売り手があらかじめ事情を説明していれば良心的だが、なかには、種子から育った木は母親そっくりの花を咲かせると断言する無責任な業者もいて、買い手の怒りを招くこともあった[32]。

交配種の苗木にすべて同じクローンの名前をつける方法は……アメリカではひどく嫌がられている。ここでは多くの苗木が、同じ名前で栽培されているクローンの苗木と似ても似つかないからだ[33]。

エクスベリー・アザレアから、品種改良を通じてさらにいくつかのグループが生まれた。それらはみな、固有の性格ではなく、開発された歴史や土地にちなんだ名前を持っている。というのも、ナップヒル後、親となる種をつけ足して、あらたに重要な性格が取り入れられることはなかったからだ。こうしたあたらしいグループのなかには、ライオネルの息子が開発したソーレント・グループや、ニュージーランドで改良されたアイラム・グループがある。ウィンザー・グループは、イギリス王室のなかでツツジをとりわけ愛したジョージ6世とエリザベス王妃より下賜された木を、エリック・サヴィル［1895～1980年］が交配して作り出した品種で、ウィンザー・グレート・パークのサヴィル・ガーデンで見ることができる。言うまでもなく無数の栽培品種が――とくに古い品種は——消えてしまった。[34] とはいえ、初代ゲント・アザレアが掲載された1836年のカタログの「グローリア・ムンディ」のように、あらゆる開発の波をかいくぐって生き延びてきた品種も少数ながら存在する。[35] キュー・ガーデンや、サー・ハロルド・ヒラー・ガーデンズにはすばらしいコレクションがある。一方、世界のアザレア・マニアたちはせっせと新種を作り出している。学術書からは消えても、私たちの庭でアザレアは生きている。

第3章　ツツジ狂騒

［ロドデンドロン・カタウビエンセ］は、これまでにもたらされた鑑賞用常緑性低木のなかで、おそらくもっとも価値のある木だろう。種苗家たち、おもにウォタラー家の人々が手がけた品種改良において、この木は、いまあるツツジのなかで、もっとも貴重なグループの誕生に貢献した。このグループは5月末から6月に花を咲かせる。

――ウィリアム・ビーン、『イギリス諸島の耐寒性樹木と低木』

1810年頃までに、ヨーロッパには約19種のツツジがもたらされていた。アメリカ原産のものが8種、ヨーロッパおよびコーカサス山脈原産が5種、ロシアおよび北東アジア原産が4種、そして日本からもたらされたR・インディクムである。第2章で取り上げたアザレアのほかに、フェルギネウムとヒルストゥムという高山性のツツジも2種あったが、どちらも庭園の植栽には向いていなかった。R・ポンティクムと、ヨーロッパに到着してまだ日が浅く、ほとんど見分けがつかないR・カタウビエンセ、そして近縁種のR・マキシムムがあった（「これについて『最高』と言うのは、『まずまず』という意味」とストリートは述べている）[1]。可憐なR・ダウリクム［和名エゾム

ロドデンドロン・アルボレウム。インドからもたらされた最初のツツジ。砂糖のなかに詰めてあった種子から発芽した。J・S・ケルナー『常緑樹の庭 *Hortus sempervirens*』(1792年)より。

ラサキツツジ」、R・アウレウム（*R. aureum*［和名キバナシャクナゲ］）、R・カウカシクム、R・フラグランス（*R. fragrans*）、R・ミヌス（*R. minus*）も市場に出回るようになったが、これらの多くは寒さには強くとも、とくだん美しくはなかった。[2] そのため、こうした原料からでは、品種改良を行なってもたいした成果が得られるはずもなく、ゲント・アザレアの輝きには遠く及ばなかった。ところが、インドから黒砂糖の缶に入ってやって来た種子によって、すべてが一変する。

ここで当時の状況を簡単に説明しよう。16世紀の最後の大晦日にイギリス東インド会社が設立され、オランダ東インド会社がすみやかにこれに続いた。その後、インドの海岸のいたるところに常設交易所が出現し、周囲に人々が生活する共同体が形成された。共同体には医者が必要だった。こうして赴任してきた医者のなかに

ロドデンドロン・アルボレウムの巨木。キュー・ガーデンにて。

は、多くのアマチュア植物学者がいて、彼らは自分たちの立場を利用して、異国の植物を発見し、可能であればその植物を本国に送った。

ナサニエル・ウォーリック［1786〜1854年］はデンマーク人で、21歳の若さで、カルカッタ（現コルカタ）の近くにある、西ベンガルの町セランポールに外科医として赴任してきた。[3] しかし、タイミングが悪かった。1807年、赴任してきたまさにその年、イギリスがコペンハーゲンを攻撃し、デンマークはナポレオン戦争に引きずり込まれてしまう。セランポールは占領され、ウォーリックは1808年に戦争捕虜になった。彼を救い出したのは、年を取って助手を必要としていたイギリス東インド会社の外科医ウィリアム・ロックスバラだった。ロックスバラは、カルカッタ植物園の園長も兼任していた。[4]

ウォーリックは1809年から3年間ロックスバラの助手として働き、恩人が病気のときは植物園の運営を任されるようになった。ただし揉めごとがなかったわけではない。ここでも、彼の国籍が不利に働いた。[5] ロックスバラが、生まれ故郷スコットランドの植物をインドに移植することに熱心だったのに対し、ウォーリックは、インドの植物を熱烈に愛した。しかし、地理的・政治的障壁に阻まれて、インドの奥地に足を運ぶことはできなかった。そこで、ネパールに駐在するイギリス外交官エドワード・ガードナーが、首都カトマンズから送ってくれる種子や標本を一日千秋の思いで待ちわびた。そのなかに先ほど触れたR・アルボレウムもあった。実際に木を見たことは一度もなかったが、1814年、ウォーリックはガードナーの種子の一部をイギリスに送った。かびが生えたりしないように、砂糖のなかにきっちりと詰めて。

R・アルボレウムは、背の高い、堂々たる木で、濃いピンクから赤の花を咲かせる。この木に比べると、これまでヨーロッパにもたらされた常緑性のツツジはどれも貧相に見えた。しかし、この木は寒さに弱かった。ところがその欠点が、品種改良家たちをおおいに発奮させた。当時生まれてまもないツツジの品種改良技術で解決するのにうってつけの問題だったからだ。

R・アルボレウムと野暮ったいR・マキシムムを掛け合わせて誕生したのが、ウォタラー養苗店がメイデンヘッドから救出するはめになった美女、「レディ・エレノア・カスカート」だった（第1章を参照）。矮性の高山性種R・カウカシクムとのあいだには「ノブレアヌム」が、寒さにめっぽう強いカタウビエンセとのあいだには「ジョン・ウォルター」が生まれた。*catawbiense x ponticum* という交配種とのあいだには、堂々たる「アルタクラレンセ」が誕生した（「アルタクラレンセ *Altaclarense*」は、木が誕生したハイクレア城をラテン語風に呼び表した名前――ハイクレア城は『ダウントン・アビー』というテレビドラマの舞台にもなった）。これらの品種はすべて、アルボレウムの鮮やかな色彩と、ほかの種の耐寒性を兼ね備えており、その後のツツジの改良種の原型になった。[6]

ウォーリックにとって、1815年からの20年間は、喜びと発見に満ちた人生の黄金期だったに違いない。彼はネパール、シンガポール、スマトラ島、ジャワ島、ビルマ（現在はミャンマー）を訪れた。しかし、植物を採集する機会はたいていかぎられていたので、自分のもとに送られてくる種子や標本をおおいにあてにした。彼はさらに5つのツツジの品種をヨーロッパに紹介した。アエルギノスム（*aeruginosum*）、アンソポゴン（*anthopogon*）、セトスム（*setosum*）、フォルモスム（*formo-*

ツツジの初期の交配種。左：「アルタクラレンセ」（[カタウビエンセ×ポンティクム] ×アルボレウム、1826年）右（上から下に）「ノブレアヌム」（カウカシクム×アルボレウム、1832年）、「ブロートニー」（アルボレウム×不明、1840年）、「カウカシクム・ピクトゥム」（カウカシクム×不明、1853年）。

sum）、そしてとくにツツジの改良に大きな影響を与えたR・カムパヌラトゥム（*R. campanulatum*）。R・カムパヌラトゥムからは、耐寒性にすぐれた「ボダルティアヌム」や、「ワクスン・ベル（*Waxen Bell*）」などの美しい改良品種が誕生した。その一方、カルカッタ植物園の生木コレクションを充実させることにも心血を注ぎ、現地の人々は、植物園の草木を「ウォーリックのペット」と呼んだ。[7] しかし、1835年、カルカッタにやって来たひとりの男によって、ウォーリックの世界は無残にも破壊されてしまう。

1810年生まれのウィリアム・グリフィスは、天賦の才能と洞察力に恵まれた植物学者で、1832年に外科医助手としてマドラスに赴任してきた。[8] ウォーリックと違って、助手という立場のおか

ロドデンドロン・カムパヌラトゥム「ワクスン・ベル」。

げで、グリフィスは植物研究にたっぷり時間を割くことができた。アッサムに赴く植物調査団に加わるように言われたときは、小躍りして喜んだに違いない。[9]

当時アッサムは、ビルマ戦争［1824年から86年にかけて、イギリスが3度にわたりビルマ（現在のミャンマー）を侵略した戦争］によって、ビルマからイギリスに割譲されたばかりだった。この戦争によって、イギリス、ビルマ両国は激しい痛手を負った。膨大な戦費のために、イギリス東インド会社は中国との独占交易権を失った。[10] こうして、茶のあらたな供給源が必要になった。スコットランドの冒険家ロバート・ブルース［1867〜1921年。南極にはじめて恒久的気象観測所を設立した］から寄せられた、アッサムでは茶の木が自生しているという報告は、この問題への完璧な解決策に思われた。[11] こうして、ウォーリック、グリフィス、そして、

火花を散らしたふたりの植物学者：ウィリアム・グリフィス（1810～1845年）とナサニエル・ウォーリック（1786～1854年）。

ジョン・マクレランドという地質学者が現地に足を運び、イギリスの製茶産業をアッサムに興すことがはたして可能かどうか、調査することになった。[12]

数週間、3人はガンジス川流域を苦労しながら進み、その後、見わたすかぎり一面に、稀少な植物が生育するチェラプンジという町に1か月滞在して調査を行なった。グリフィスにとって、それは夢が現実になったひと時だったに違いない。彼は目にした植物をすべて採集して標本にしようとしたが、持参した押し花の材料が足りなくてできなかった。一方、ウォーリックは、なにを採集するか体系的に厳選したので、押し花にまとめることができた。植物学の研究方法をロックスバラから根気よく学んだウォーリックは、自分より年少のグリフィスが、年長者である自分の意見に従うものと思っていた。ところが、才能はあるが粗野なグリフィスは、

「ウォーリックのペット」：カルカッタ植物園の昔の葉書。

他人の助言など必要ないと思ったらしい。おそらくウォーリックは、採集する植物の数を減らすように助言し、グリフィスは、押し花の材料が足りないのは自分のせいじゃないと口答えしたのだろう。そしてついにグリフィスは、自分が集めた標本をウォーリックが押し花から外している現場を目の当たりにして、激怒した。[13]

こんな調子で、すっかり険悪になったままアッサムに到着したふたりが、この場所で製茶産業をどう立ち上げるかについて、意見を衝突させたのも無理はなかった。グリフィスとマクレランドが、現地に自生するチャノキを栽培するよう提案したのに対して、ウォーリックは、中国から輸入した品種を栽培するべきだと言い張った。一刻も早く、グリフィスともアッサムともおさらばしたい一心で、ウォーリックはひと足先にアッサムを発ち、東インド会社に自分の意見を伝えた。[14] こうしてグリフィスはインド各地を自由に放浪できるようになり、ミシュミ丘陵を訪れたふたり目のヨーロッパ人となった。[15] そして1837年、彼の行方は杳《よう》としてわからなくなった。

新聞は暗殺説を唱えた。この報道にウォーリックがどう反応したかは不明である。しかし1年後、やつれ果てボロボロの服を着たグリフィスが、ビルマ領内からよろよろとした足取りで現われた。フーコン渓谷、アヴァ［現在はインワ］、ラングーン［現在はヤンゴン］での違法で危険な採集の旅から生還したのだった。彼の発見のなかには、のちにR・アルボレウム以上に園芸の発展に寄与することになるR・グリフィシアヌムと、R・グランデ（*R. grande*）もあった。グリフィスはその後、カーシ丘陵［インド、アッサム西部］、ブータン、アフガニスタン、シムラ［インド北西部、ヒマラヤ山麓の町］、ヒンドゥークシュ山脈［おもにアフガニスタン国内を北東から南西に延びる山脈］で、植物の生態研究と採集を行ない、最終的にマラッカに恋をして定住を決意する。[16]

1842年、ウォーリックは健康を害して、カルカッタを2年間離れることを余儀なくされた。不在中は、グリフィスが愛するマラッカから呼び戻されて、植物園を管理することになった。グリフィスはやって来るなり、ウォーリックによる植物園の「ずさんな管理」について意見書をしたため、自分が科学的と信じる方針に従って、植物園の設計を抜本的に見直すことにした。1844年にウォーリックが植物園に復帰したとき、そこはすでに彼のペットではなくなっていた。多くの木が切り倒され、そうでない木もひどく傷んでいた。傷んだ木のなかには、非常に稀少なアンヘルスチア・ノビリス（*Amherstia nobilis*［和名ヨウラクボク］）もあった。この木は、ウォーリックが出かける機会に恵まれた数少ない旅行で、みずから発見した宝物だった。失意のウォーリックは、さらに3年間留まったのち、第2の故郷と定めたロンドンに退き、二度とカルカッタには戻らなかった。[17]

グリフィスは1844年にマラッカに戻り、落ち着いた結婚生活をはじめた。しかし結婚生活を楽しむ間もなく、1年も経たないうちに肝臓病で亡くなった。凝り性で精力的なグリフィスは、旅行中は毎晩欠かさず、自分が発見した植物を調べて、切り分け、文章と絵で記録していた。アッサムに同行したマクレランドはこう語る。

息を引き取る間際にも、ベッドの横には愛用の顕微鏡、未完のスケッチと論文、そして、細かく切り分けた植物があった。病がいよいよ重くなり、今日、明日にも命が危ういというときも、彼は植物を調べ、記録していた。[18]

中国のチャノキをアッサムで栽培すべきというウォーリックの主張が間接的なきっかけとなって、きわめて有用なツツジがあらたに見つかった。1838年、中国は、イギリスおよび東インド会社との共依存関係から抜け出せなくなっていた。イギリス人はお茶に夢中だった。そして、東インド会社はお茶の代金を、中国人にアヘンを違法に売りつけることでおもにまかなっていた。アヘンは中国の闇市場を通じて密輸され、闇市場は繁盛した。[19] 当然ながら、中国政府は腹を立て、反乱を起こしたが敗北し、その結果、1842年に各地の港を外国に開放しなければならなくなった。

1843年、王立園芸協会が、ロバート・フォーチュン［1812～80年。スコットランド出身の植物学者］という植物採集家を中国に派遣した。しかし行動範囲が制限されていたため、おもに中国の養苗店から苗木を購入していた。そのなかにツツジ・アザレアがあった。その後、上海から南に向けて出航したフォーチュンはおそろしい危険に遭遇した。行く手を5隻の海賊船に阻まれたと

「ミセス・ダフィールド」――ロドデンドロン・グリフィシアヌムの栽培品種のひとつ。

き、彼の船はまったくの丸腰だった。フォーチュンは高熱を出して甲板の下で寝ており、水夫は恐怖に縮み上がっていた。絶体絶命のピンチだった[20]。

出航前、フォーチュンは資金提供者と議論して、散弾銃を携行する許可を得ていた。そこで寝床から起き上がると、わずかなチャンスに賭けてみることにした。彼は水夫たちに銃口を突きつけ、持ち場を離れるなと命じた。勝機は船の速度にかかっていると考えたからだ。そして、最初の海賊船をぎりぎりまで引きつけてから、海賊たちが寄り集まっている場所をめがけて散弾銃の引き金を引いた。幸運にも、驚愕した海賊たちは散り散りになり、フォーチュンを乗せた船はその場を逃れることができた。2日後、今度は6隻の海賊船が現われたが、フォーチュンは、水夫たちに持参した予備の服を着せ、銃であるかのように梃子を持たせた。フォーチュンの散弾銃が火を噴くと、海賊は、船には武装したおそろしい外国人がもっとたくさん乗っているものと思い込んで逃げ去った。[21]

フォーチュンが自分の冒険譚を書き綴った本は、イギリス本国でおおいに話題を呼び、東インド会社の注意を引いた。[22]アッサムに関するウォーリックの意見に従い、彼らは、中国からチャノキの種子を手に入れる、正確には盗み出す人物を探していた。当然のことながら、中国人は、自分たちが独占する貴重な木を秘匿していた。そこでフォーチュンは、中国人になりすまして中国奥地に潜入し、同行した通訳は、この人物は中国の辺境からやって来たのです、と、どこに行くにも言い張った。茶の栽培者たちは、自分たちの行為が祖国に対する裏切りとは夢にも思わず、喜んで種子と秘密を差し出した。結局、その種子は役に立たなかった。グリフィスが言ったとおり、アッサムではアッサムの固有種のほうがよく育ったからだ。[23]とはいえ、フォーチュンは完璧な紅茶の製造方法を教わっていたので、中国の独占体制は破られ、中国に匹敵する茶産業がその後アッサムに確立された。フォーチュンが、中国の茶栽培の熟練者をアッサムに大勢連れてきたことも、茶産業の振興に役立った。異国の地に連れてこられ、祖国に帰れなくなったこれらの人々がその後どうなったかはわからない。フォーチュンの紅茶探しの旅から、もっとも重要なツツジがあらたにもたらされた。甘い芳香を放つR・フォルトゥネイである。

アザレアを除く、ツツジの外来種が栽培されるようになった経緯は3つの段階に分けられる。段階を経るごとに、栽培種の数はそれまでの倍以上に増えた。第1段階が1848年以前、第3段階が20世紀初頭に中国で行なわれた探検旅行、そしてあいだの第2段階である。第2段階では、たったひとりの人物が28種のツツジをイギリスにもたらした。

ジョゼフ・ダルトン・フッカーは、キュー・ガーデンの園長ウィリアム・フッカーの息子である。彼は、当時ヒマラヤに存在したシッキム王国をくまなく探検したいと考えていた。シッキムは、ウォーリックもグリフィスも訪れることのできなかった秘境だった。しかし、彼の行く手には狡猾な敵が待ち受けていた。フッカーはこの人物を「横柄で、強欲なことにかけてかなう者なし」と評している。[24]

シッキムには高齢の王《ラジャ》がいた。しかし、実際の国政について、全権を握っていたのはデュワンと称される首相だった。イギリスの侵入者に、さまざまな策略や金儲けの悪だくみを邪魔されるのをおそれて、デュワンは可能なかぎり妨害活動を行ない、フッカーをダージリンに数か月間足止めした。１８４８年10月、フッカーはついに出発した。彼が率いる遠征隊にはさまざまな民族的出自の56人のメンバーがいた。彼らは熱帯雨林を通過してミワという村に赴き、そこから6日間かけて山を登り、チベット民族の住むオランチュンという亜高山帯の村に到着した。飢え（ほとんどの食料を部下に盗まれていた）、頭痛、高山病に絶えず悩まされながらも、フッカー隊は、そそり立つ山々を越え、かじかむ指や手の届かない枝をものともせず、標高４０００メートルの高地に生息するツツジの種子を採集した。[25]

１８４９年5月3日、フッカーは2度目の遠征に出発した。しかし、デュワンの手引きでフッカーの遠征隊に潜入した「ガイド」は、遠回りする迂回路を進むように一行に指示した。デュワンの奸計に気づいたフッカーは、スパイたちを味方に引き入れようとした。そして少なくともいくつかの迂回路では、稀少な植物を発見することができた。するとデュワンは、橋や石段を取り壊し、道をふさいで修復を禁じた。[26]そのため、フッカー隊に届くはずの食べ物が満足に届かなくなった。しかしフッカーにとって、それは最悪の出来事ではなかった。

ああ、私が採集してダージリンに送った最高のツツジのコレクションのひとつが、苦力《クーリー》が病気になって動けなくなったせいで、全滅してしまった。そのため厄介なことに、もう一度採集にいかなくてはならない。もしあなたの脛も私の脛と同じように、標高3000メートルから4000メートルの高山で一面に咲き誇るツツジの灌木のあいだを歩いてひっかき傷だらけになっていたら、このみごとな光景に、私と同じようにぞっとするだろう。[27]

1か月のはずだった遠征旅行は、最終的に3か月になった。ヒルだらけの国を歩き回るあいだにフッカーの士気も萎えかけたが、10月に親友のアーチボルド・キャンベル博士が遠征隊に加わったおかげで、気を取り直すことができた。キャンベルはダージリン地区長官だった。[28]ちなみに、フッカーは堂々たるモクレンに、親友にちなんでマグノリア・キャンベリー（*Magnolia campbellii*）と命名している。フッカーが、デュワンがあの手この手で自分を陥れようとしていることをあきらかにすると、キャンベルは激怒して、とりわけたちの悪いスパイを遠征隊から追放し、デュワンの「顔に泥を塗った」。しかしデュワンの影響力はチベットにまでおよんでいた。土地の人々が大勢で遠征隊の進路をふさぎ、話し合いを要求した。キャンベルは応じたが、フッカーはとつぜん、「乗っていた小型の馬に拍車をかけ、砂埃の舞うチベットの平原に向かって全速力で疾走した」[29]。彼はそこで、人に発見されるまで丸1日植物を観察して過ごし、その後3日間、キャンベルと、ラム酒のおかげで仲良くなったチベット人の役人と一緒に過ごした。[30]

その後まもなく、ツツジが一面に群生する場所で、フッカーの夜の休息は、助けを求めるキャンベルの叫びに破られた。遠征隊を追い出されたスパイが――シングタムという町に住むサバ族の男だった――卑劣きわまりないあらたな計画を実行に移すために戻ってきたのだった。フッカーはキャンベルを助けようとしたが引き留められた。

彼［キャンベル］が拳を激しく振り回して応戦しているのが見えた。背が高く、力も強いので、すでに何人かがのされて地面に伸びていた。しかし大勢の男たちが襲いかかり、彼を地面に押さえつけた。[31]

キャンベルは縄目がつくほどきつく縛り上げられた。フッカーはサバ族の男に、勝手にどこにでも行けと言われた。しかし、一行はキャンベルを人質にしてトゥムロン［シッキム王国の首都］に向かったので、フッカーは「できるだけ近くで、ひそかにツツジの種子を集めながら」ついていっ た」[32]。このときフッカーが採取した種子から生まれたツツジは、いまもイギリスのどこかの庭園で栽培されているかもしれない。フッカーが友を見捨てなかったおかげで、彼らはいまこうしてイギリ

ロドデンドロン・ソムソニイイ：有能な助手トマス・トムソンへのジョゼフ・フッカーによる献名。キュー・ガーデン、聖アン教会にあるフッカーの墓石には、この木の姿が刻まれている。

スに根を下ろしている。

デュワンはイギリス人に宛てて、自分の要求を列挙する手紙を書いた。しかし手紙はあまりにも長く、とりとめがなかったので、翻訳者は、キャンベルが人質になっているという肝心のところまで読み進めることができなかった。[33] 手紙は、キャンベル自身が戻ってきてから処理されることになり、なんの返事もないまま数週間が過ぎた。そこでサバ族は、フッカーに、インド総督ダルハウジー卿に直接手紙を書くことを許可した（R・ダルホウシアエ *R. dalhousiae* は、ダルハウジー卿の妻への献名）。

誘拐と人質は、ネパールやチベットの紛争では交渉の常套戦術だったかもしれないが、プライドの高いイギリス人は、ただちにダージリンに軍隊を派遣して最後通牒を突きつけた。ただちにキャンベルを解放せよ、さもなくば貴国を侵攻する、と。[34] そこで誘拐犯の一行は、今度は、罰を受けるために校長室に呼び出された男子生徒のような、ふてくされた態度でダージリンに向かった。フッカー（すでにそのときには彼も人質になっていた）とキャンベルは、誘拐犯たちが口封じのために、あるいはたんにパニックに襲われて、自分たちを殺してしまうのではないかと気が気でなかっただろう。ふたりはクリスマス・イブにようやく解放された。[35] デュワンは追放され、イギリス人はさらに報復として南シッキムを併合した。[36]

フッカーは、自分が発見した種子を分類し、それらを豪華な図版入りの2巻本にまとめて出版した。[37] フッカーを巧みに補佐したのは、若き植物学者トマス・トムソン［1817～78年］だった。トムソンにちなんで、フッカーは自分が発見した5つのツツジのうちひとつをR・ソムソニイ（*R.*

偉大な植物学者ジョゼフ・フッカーによるロドデンドロン・カムピロカルプムの絵。フッカーはこの種について記述もしている。独特の形は「ハニー・ベル」と呼ばれている。

thomsonii）と命名した。

フッカーが発見した5つのツツジは、キュー・ガーデン内にある聖アン教会のフッカーの墓石に刻まれている。フッカーはその後、父親のあとを継いでキュー・ガーデンの園長になり、多くのツツジ採集家と違って、恵まれた老年時代を送った。[38]

フッカーが見つけた28の新種は、イギリスのツツジ愛好家たちをおおいに熱狂させた。しかしそれらの種は、ほぼ例外なく寒さに弱かったので、さいわいにもイギリスの温暖な地域に住む一部の人しか育てて楽しむことができなかった。もっと寒冷な地域に住む園芸家たちは、フッカーが持ち帰った種と、寒さに強い種を、養苗家たちが交配して新種を作り出すのを待たなくてはならなかった。どんな花が咲くかわからないことを買い手がある程度受け入れるならば、F1交配種を大量に作り出すことはできる。こうして、たんにカウカシクムとアルボレウムを交配させただけのF1が、「ノブレアヌム」という名前で売り出された。[39]とはいえ、すぐれた交配園芸種を作るには、とくに厳選されたクローンを作り出すには、はるかに長い時間が必要だった。

養苗家にとってありがたいことに、当時はいまより生活のペースがゆったりしていた。自然の状態では、種から芽が出て1本の灌木になり、花を咲かせるまでに10年はかかる。しかし、別の種の成木に若木を接ぎ木すれば、待ち時間を大幅に短縮することができた。この方法によって、サニングデール養苗園のスタンディッシュとノーブルは、1857年にR・ソムソニイイの最初の花を見ることに成功し、ただちにこの花を使って品種改良に着手した。こうして誕生したのが「アスコット・ブリリアント」だ。フッカーがソムソニイイをイギリスに紹介してから10年しか経っていなかった。[40]

しかし、こうして誕生した交配種の真価を判断するには、その木が自然に生長して花を咲かせる歳になるまで待たなければならなかった。さらに、交配して誕生した栽培品種を複製するには、挿し木か接ぎ木するしかなく、最初は1年に十数本しか株を増やすことができない。そしてそれぞれの株が花を咲かせて、売り物になるには5年かかる。したがって、「アスコット・ブリリアント」が、市場に出回るまでには15年の歳月が必要で、その数も非常にかぎられていたため、養苗家たちはいくらでも価格をつり上げることができた。一般に、あたらしい交配園芸種の価格が値下がりして、手頃な価格になるにはさらに20年ほどかかる。1886年、最新の栽培品種の価格は10シリング6

ペンスだった。一方、もっと古い品種は、「レディ・エレノアア」のように有名なものでも、価格は4分の1以下だった。[41] このようなわけで、フッカーが遠征旅行から帰ってきてから20年のあいだに、人々がツツジに注ぎ込んだ金額は7億ポンドを超えたと言われる。イギリスが抱えていた借金に匹敵する金額だった。[42] 1885年にジェームズ・ヴィーチ&サンズ（ツツジの専門店ではまったくなかった）が発行したカタログには、200を超えるツツジの栽培品種が掲載された。それ以外にアザレアとビレアのカタログもあった。

ツツジはヨーロッパをあまねく旅した。北米へ行ったものもあれば、北米からやって来たものもある。1896年、ベルリンで、R・グリフィシアヌムから生まれた改良種の苗木が200本まとめて売りに出され、オランダのファン・ネス養苗店が購入した。[43] そのなかに「クイーン・ウィルヘルミナ」という品種があった。美しい朱色の栽培品種で、非常に人気が出た「ブリタニア」をはじめ、数多くの品種の親、もしくは祖先となった。[44]

ウォタラー一族が作り出したツツジの栽培品種のなかに、少なくとも商業的成功という点において、他を圧倒した品種がある。70歳のジョン・ウォタラーは、「ジョージ・ハーディ」と「ブロートニー」を掛け合わせた、ひときわ個性的な交配種を育てていた。これまで自分が手がけたどんな品種もこの花の前では霞んでしまうだろう、ジョンはそう確信していた。花芽が膨らんでいくあいだ、息子のゴーマーは、ひときわ貴重なこの木が生長する様子を毎日拝みに行った。そしてある日、その木がこつぜんと消えた！

当時の種苗家は用心深く、秘密主義だった。というのも、彼らが開発するあらたな交配種は、企業秘密であると同時に、途方もない富を生み出す可能性を秘めてもいたからだ。おそらくそうした理由から、古い時代に開発された多くの交配種の親は記録されていないのだろう。したがって、木が消えたのは、従業員が盗んだか、偶然持ち帰ったかのどちらかに違いなかった。実際、養苗店の従業員は、珍しい交配種をボーナス代わりに持ち帰ることがあった。そして、どの木が貴重でどの木が貴重でないか、全員が知っているわけではなかった。案の定、数日間冷や汗を流しながら捜索が行なわれた結果、その木は従業員の家の前庭で発見され、しかるべく返却された。[45]

おそらくジョンは、生前見届けることはできなかっただろうが、その木には、汗だくになって捜索するだけの価値はあった。ピンク色の花は歳を追うごとに薄くなっていくが、命名の神が舞い降りたか、ゴーマーが選んだ「ピンクパール」という名前は、その個性を長所に変えた。覚えやすく、「ブロートニー」や「ブランディアヌム」といった名前より美しい。大衆に人気が出たのは、名前がよかったせいもあるだろう。[46]「ピンクパール」は数々の賞を授与され、エドワード7世の妻アレクサンドラ妃から公の場で称賛された。[47]その後、フレッド・ハーディという馬主が、なんと150本の苗木をゴーマーに注文した。彼はこの木を友人たちに売るのだと自信満々で、以後、ゴーマーはこの木の宣伝をいっさいする必要がなくなった。[48]「ピンクパール」は、1937年の時点でも依然としてベストセラーだった。1963年になっても、「人々が唯一名前を知っている」ツツジの交配種と言われた。ただし、品質の点では、すでに他の品種にお株を奪われていた。[49]「ロデリ」グループのような、虚弱で、手間とお金のかかる美女とは違い、「ピンクパール」はじつに頼もしい木で、誰でも栽培できた。いまも販売されている。

「クイーン・ウィルヘルミナ」、R・グリフィシアヌムの交配種。鮮やかな赤い花を咲かせる。ベルリンで誕生した経緯は謎に包まれている。

大衆のあいだで人気が出れば、侮りや蔑みの対象になるのは避けられない。1954年、「ピンクパール」は何者かに、「下《げ》のなかの下《げ》」の木で、栽培品種のR・ポンティクムと言われた。[50] もっと最近では、ある評論家が、この品種は、「ノブレアヌム・ヴェヌスタム」、「シンシア」と並んで、「ズロースを連想させるピンク色、性具のような肌色、そして歯肉炎の赤色の、膨張したゴムのような花」を咲かせる3大醜女と酷評している。[51] すべての人を満足させる植物は存在しないということだろう。

皮肉にも、「ピンクパール」を誹謗中傷した人のなかには、嬉々としてその子孫を育てていた人もいたかもしれない。「S・エンツ博士の思い出」や「J・G・ミレイ」といった名前は、「ピンクパール」が大衆受けしたように、通《つう》受けした。「ピン

「ピンクパール」、史上もっともよく売れたツツジ。

クパール」は海を越えてオランダや北米に渡り、多くの品種の祖となった。[52] 近年アメリカで生まれた栽培品種「ホワイトジンジャー」の系図は、「ピンクパール」とR・カタウビエンセがいかに重要かをあきらかにしている（R・カタウビエンセは、系図に記された品種のうち、ふたつを除くすべての品種の祖先だ）。

ヴィクトリア時代、ツツジの栽培品種は大量に栽培され流通していたが、その大元になったのは、ごく一部の種だった。アザレアとビレアは除いて（これらの花は園芸品種としてそれぞれまったく独自の歴史を歩んだ。第2章、第4章を参照されたい）、1960年までにイギリスにもたらされたツツジは約50種。そのうち、わずか9つの種がツツジの栽培品種の開発を支配してきた。栽培品種として記録された品種の約85

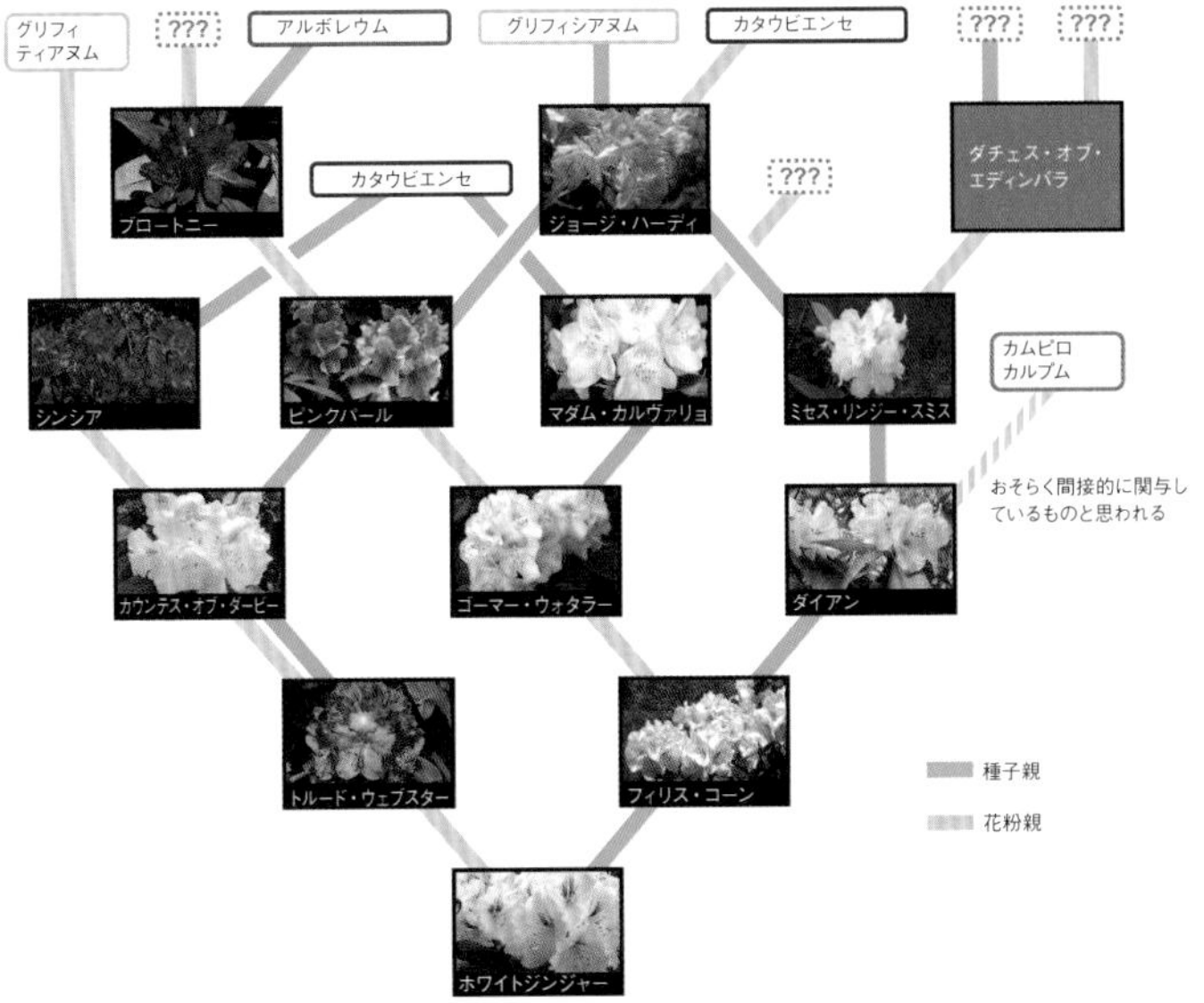

「ピンクパール」を含むツツジの系図。わずか3、4種しか関与していないことに注目されたい。一方、親の素性があきらかでない箇所も4つある。

パーセントが、これらの種を直接、間接の祖先としている。[53] この9種にはそれぞれ独自の長所があった。フッカー以前にもたらされた種のうち、カタウビエンセ、マキシムム、カウカシクムは寒さに強かった。ポンティクムは繁殖力が旺盛で、アルボレウムはすらりとした樹形で、赤みを帯びた花をつけた。9種のうち、フッカーが持ち帰った品種はわずか3種で、グリフィシアヌムはもっとも大きな花を咲かせ、カムピロカルプムははじめて黄色の色調を提供し、ソムソニイイは艶やかで光沢のある赤い釣鐘型の花をつけた。[54] 9種のなかで最後にやって来たのが、中国原産のフォルトゥネイだ。この木はあらゆる長所をバランス良く備えていたが、とくにすばらしかったのが7枚の花弁と芳香だった。

9つの種のなかでもきわめて重要なのが、

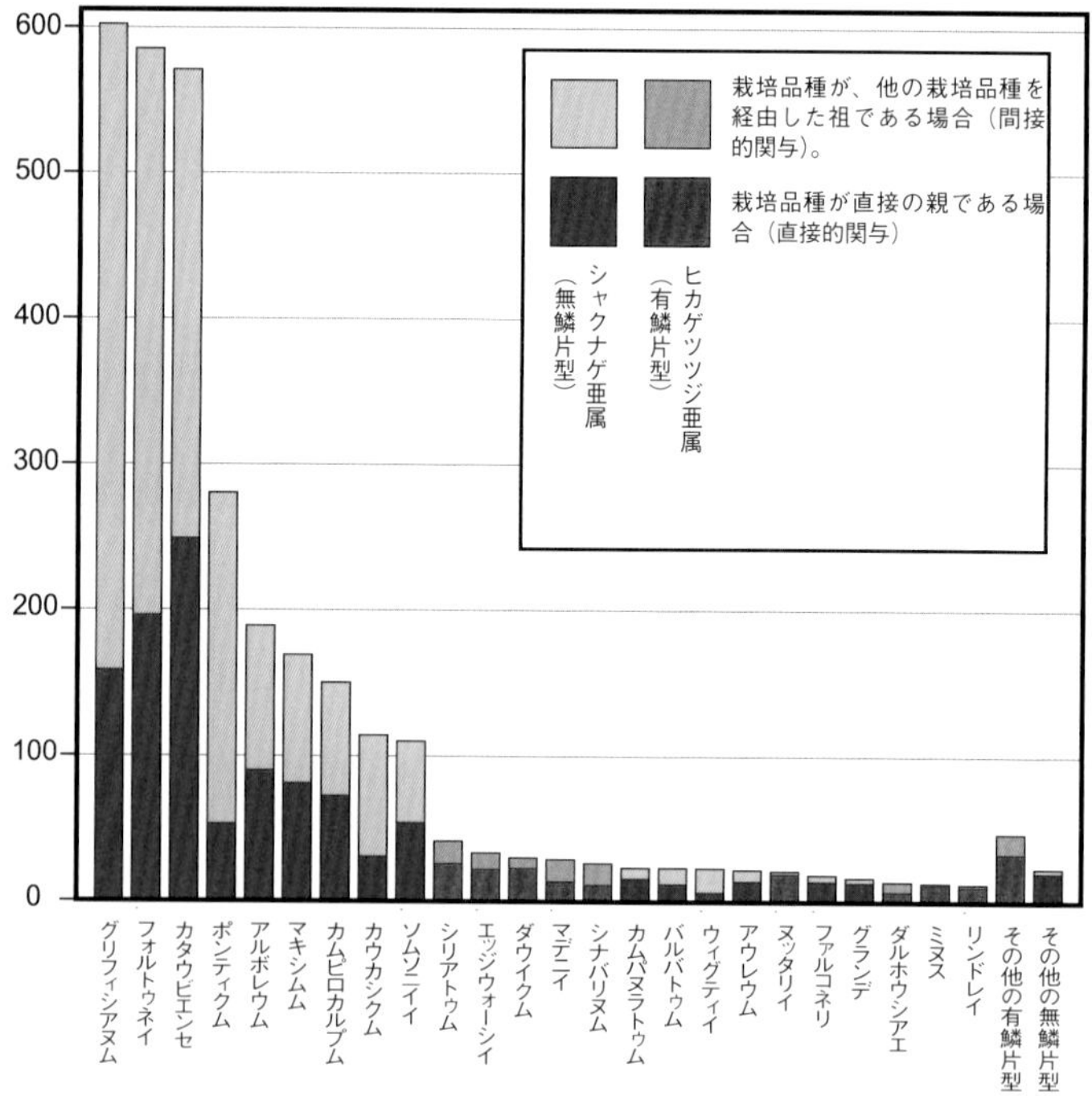

棒グラフは、異なるツツジの種から、直接または間接的に派生した栽培品種のうち命名されるにいたったものの数を示す。シャクナゲ亜属系統は青、ヒカゲツツジ亜属系統は赤で示されている。www.hirsutum.info のデータによる。2015年8月にアクセス。

「ゴールズワース・イエロー」、R・カウカシクムとR・カムピロカルプムのF1交配種。

カタウビエンセ、グリフィシアヌム、フォルトゥネイだ。グリフィシアヌムとフォルトゥネイは、ぱっと目を引く花をつけるが、どちらも半耐寒性［3～5度の低温には耐えるが、霜が下りると枯死する植物］の「ロデリ」のきょうだいだ（第1章参照）。しかし、R・カタウビエンセと交配すれば、相手が寒さに弱い種でも、寒さに強い品種が生まれることが保証された。だから、R・カタウビエンセは、イギリスにもたらされたツツジのなかでもっとも重要なのだと、キュー・ガーデンのキュレーターで、大本植物を専門とするW・J・ビーンは述べている。[55] グリフィシアヌムとカタウビエンセを交配して生まれた栽培品種が、「シンシア」や「ジョン・ハーディ」などだ。ソムソニイイ×フォルトゥネイからは、ほぼ完全な霜耐性を備えた「ルスコンベイ」が誕生した。初期の重要な交配種、カタウビエンセ×ポンティクムが「カニンガムズ・ホワイト」だ。当初はこの木自体が観賞用植物として栽培されていたが、現在はあらたな栽培品種の接ぎ木の台木として重宝されている。[56] １９１０年以前、R・カムピロカルプム（*R. campylocarpum*）は品種改良にほとんど利用されていなかったが、１９２４年にゴールズワース養苗店のウォルター・スロコックが、R・カムピロカルプムから作った12の交配園芸種を登録して以来、利用されるようになった。[57] スロコックは、種苗家として輝かしい才能の持ち主だったが、とても無愛想で、やるべき作業を記した無数のメモをコートにピンで留め、養苗園のなかをのしのし歩き回っていたという。[58]

この上位9つの品種はすべてシャクナゲ亜属（「無鱗片型」）に属している。つまり、ツツジ・ブームは、ほぼこのグループをめぐる現象だったと言える。それではなぜ、もうひとつの巨大グループ、ヒカゲツツジ亜属の「有鱗片型」は、人々の注目をまったくと言っていいほど集めなかったのだろうか？　１８６０年までにイギリスにもたらされたシャクナゲ亜属はおよそ21種、これに対してヒカゲツツジ亜属は30種だった。したがって、手に入れやすいかどうかは問題ではなかった。[59] 有鱗片型のなかには、フェルギネウムやヒルストゥム（アルペンローゼ）のように、たんに園芸用植物としての魅力に乏しいものもあった。一方、ミヌスはR・ポンティクムをそのまま小さくしたような姿形をしている。そして、有鱗片型の花はシャクナゲ亜属の花より総じて小さい。

もうひとつ重要だったのが耐寒性だ。そのほかの点ではきわめて魅力的だった有鱗片型ツツジだが、寒さには弱かった。ジェームズ・ヴィーチ&サンズの１８８０年代のカタログには、ビレアとともに、「ストーブ」、すなわち温室用植物として、ダルホウシアエ（*dalhousiae*）、エッジウォーシイ（*edgeworthii*）、シリアトゥム（*ciliatum*）、フォルモスム（*formosum*）、マデニイ（*maddenii*）、ヌッタリイ（*nuttallii*）、ヴェイトチアヌム（*veitchianum*）がすべて掲載されている。シリアトゥム以下の5種はマデニア（*Maddenia*）グループに属している。このグループは、繊細な美しさと、この属のなかでもっとも芳しい香りを兼ね備えているが、仮に戸外で栽培を試みたとしても、ほとんどがイギリス最西端の温暖な地域でしか栽培できない。[60]

もちろん、品種改良を通じて、美しさと耐寒性を兼ね備えた品種を作り出すことはできる。こうして、ヴィクトリア時代に数限りなく交配が試みられたが、すべて失敗に終わった。きっと、有鱗片型ツツジとシャクナゲ亜属を交配することはできないという単純なルールを誰も知らなかったのだろう。[61] 先に見てきたように、品種改良に使われる種はごくかぎられていた。そこで当然ながら、マデニア・グループの種を、R・カタウビエンセやその交配種と掛け合わせて寒さに強い品種を作ろうとする試みが行なわれたはずだ。しかしそれはうまくいかなかった。実際、シャクナゲ亜属の改良品種が増えれば増えるほど、それらをマデニア・グループの種と交配する試みは盛んになったが、いずれも失敗に終わったようだ。

以上が、ヴィクトリア時代のあいだに、有鱗片型ツツジが落ち目になってしまった理由だろう。マデニア種は温室栽培に適していたが、温室栽培にとってなにより重要な「小ささ」という長所がなく（ビレアは小さかった）、温室で栽培した交配種にも、とりたてて目を引く特徴があるわけではなかった。しかし、彼らには切り札がひとつあった。マデニア種には、「匂いがあった」、すなわち香りツツジのなかでもっとも芳香が強かった。[62] マデニア種を含む初期の交配種のひとつが「フラグランティシマム」（*edgeworthii* x *formosum*）だ。おそらく、現存するなかでもっとも香りの強いツツジだろう。あるカタログには、「人の手によって加えられたもっとも望ましい品種。花は白く、花弁の先端がほんのりと紅色をしている。1輪活けただけで、かなり広い家も、芳しい香りに満たされる」と記されている。[63]

「フラグランティシマム」は、「徒長（丈が高くなり枝を野放図に広げる）」しやすいにもかかわらず、香りツツジ市場の人気を独占しただろう。それからずっとあとになって登場したマデニア・グループの交配種は、ほとんどが、コーンウォールのカーヘイズやニュージーランドのような、マデニアが戸外でも生き残れる環境で栽培されたものだった。[64]ヴィクトリア時代の育種家たちがルールに気づいていたなら、おそらくもっと多くの人が、マデニア種と、耐寒性にきわめてすぐれたR・ダウリクム（*R. dauricum*［和名エゾムラサキツツジ、マデニア種と同じくヒカゲツツジ亜属］）を交配させていただろう。ところが現実には、1927年より前、R・ダウリクムを使った交配種で記録が残っているのは、「プラエコックス」（*ciliatum* x *dauricum*）のみだ。プラエコックスは、雑種特有の生命力の強さのおかげで、どちらの親よりも寒さに強い。[65]R・シリタトゥム（*R. ciliatum*）も、グラウコフィルム（*glaucophyllum*）やヴィルガトゥム（*virgatum*）と交配されてすばらしい栽培品種の祖となった。[66]

有鱗片型は、同じ亜属に属する種どうしでも、シャクナゲ亜属どうしに比べて交配が容易でないようだ。おそらく下位集団間に、シャクナゲ亜属より大きな遺伝的乖離が存在するのだろう。「改良型フラグランティシマム」は、*edgeworthii* x *formosum* の交配を繰り返すことで作り出されたが、

ツツジ「フレグランティシマム」。コーンウォール、トレバにて。いまあるツツジの栽培品種のなかで、おそらくもっとも香りの強い品種。「フレグランティッシマム」という名前は、品種というより種の名前のようなので、現在の栽培品種の命名の慣行の下では認められないだろう。

最初のものと違って、結実しないことがあきらかになった。[67]

初期にもたらされた有鱗片ツツジのなかで最良の種をひとつあげるとすれば、間違いなく、R・シナバリヌム（*R. cinnabarinum*）だろう。半耐寒性で、珍しいオレンジ色の花を咲かせる。偉大な探検家キングドン＝ウォードを大喜びさせた。[68] この亜種や変種は、黄色から深紅まで幅広い色の花を咲かせる。これらを使って少なくとも50の栽培品種が作り出された。その多くがR・マデニィも含み、大半が1915年以降に開発された。[69] シナバリヌムがシャクナゲ亜属だったら、さらに多くの種と交配されていただろう。しかし、元来、個性的な魅力、耐寒性、そして幅広い色の可能性を備えた木であるために、交配を通じて改良するのは容易ではない。

品種改良は一種の芸術であり、4つの次元において完璧を目指さなくてはならない。という

ロドデンドロン・シナバリヌムの色の種類。もっとも暗い色のひとつを含め、左の3つは亜種シナバリヌム、ほかの4つは亜種ザンソコドン。どちらもオレンジかマゼンタ（深紅色）の花を咲かせるらしい。花の色は亜種を区別する目安にはならない。

のも、その美は時とともに移ろうからだ。ツツジの栽培品種のなかには、じつにユニークな名前を持つものもある。「ハロー・ドーリー」、「聖モーセ」、「ジングルベル」、「ミニスカート」、「オズ」、「ポテト・ピーラー」、「スマイリーのピンカディリー」、「ウォラパー」、「ホッパー」、「ウィッチドクター（呪術医）」、「ウィザード（魔法使い）」、これらの名前はすべて、喜びを抑えることができなかったハーフダン・レムというアメリカの育種家が考えた名前だ。[70]「ポテト・ピーラー」は、山と積まれたジャガイモの皮をむいて苗木の代金にあてると宣言した顧客の言葉から思いついた名前だそうだ。

フランス人は、ツツジの交配よりツツジの絵画を好んだようだ。1922年に描かれたベルサイユ宮殿の絵（アメリカの画家ウィリアム・ポージー・シルヴァ［1859～1948年］による『ツツジ咲くベルサイユ』）や、エドゥ

左：ウスベニアオイ（*Malva sylvestris*）、この色の名前は、この植物のフランス語名モーヴに由来する。中：モーベインで染めた婦人服。右：ロドデンドロン・ニヴェウム。モーヴ（藤色）が巷にあふれかえると人気がなくなった。

アール・マネの『春』（1881年）という絵にツツジが登場している（次ページ）。当時、マネは健康を害していたが、タイトルが示唆するように、この絵には若々しい生命感が横溢している。ツツジ（画面左上）はあくまで背景にすぎず、花をつけてはいるがあまり目立たない。ツツジを除いても絵から受ける印象は変わらないだろう。絵画の主役は、ジャンヌ・ドマルシーという若い女優で、鑑賞者の注意を自分から逸らすものを歓迎していないように見える。その姿には、成功への静かな決意が滲み出ている。女優はのちに、オッフェンバック作曲のオペレッタ『地獄のオルフェ』でヴェニュスを演じ、つかのまの名声を享受するが、この絵はそれよりはるかに長いあいだ人々の称賛を集めた。この絵は、個人が所蔵していたモネの最後の大作で、ジャン・ポール・ゲティ美術館が6500万ドルで落札した。[71]

ツツジが画家たちに影響を与えたように、園芸と関係ない出来事が、あるツツジの人気に影響を与えた。ウィリアム・パーキン［1838～1907年。イギリスの有機化学者］は、わずか18歳のとき、コールタールから簡単に抽出できるアニリンを使って、マラリアの高価な特効薬キニーネを合成しようとした。キニーネの合成

エドゥアール・マネ、『春』(1881年、油彩画、カンバス)。ツツジを背景にしたジャンヌ・ドマルシーという若い女優の肖像画。画面左上端にツツジの花が見える。

には失敗したが、代わりに強力な紫の染料を作り出すことができた。するとパーキンは、驚くべき起業家精神を発揮して、史上初の合成染料としてこれを市場に売り込んだ。[72] 1885年に、ヴィクトリア女王がこの染料を使った衣装を身にまとうと、合成染料モーベインは大流行した。その影響は英語にまでおよび、フランス語の「モーヴ mauve」という言葉が広く使われるようになった。（フランス語の「モーヴ mauve」はウスベニアオイ *Malva Sylvestris* という植物を意味する）。雑誌の『パンチ』は、ご婦人がたは「モーヴ熱」に冒されているとぼやいた。[73] 大量生産されるようになると、モーベインはしだいに安価になった。

まもなく、人類史上はじめて労働者階級でも染色した服を——紫色でさえあれば——着られるようになった。すると当然のことながら、上流階級はこの色にそっぽを向くようになった。R・ポンティクムがイギリス各地に姿を見せるようになったのもちょうどこの頃だった（第8章参照）。こうしたあらゆる事情が重なり、とつぜん、紫色のツツジは低俗な花という烙印を押された。最大の被害者は、フッカーがイギリスにもたらした、紫の花を咲かせるR・ニヴェウム（*R. niveum*）だろう。[74] それまで人気だったにもかかわらず、とつじょとして見向きもされなくなり、多くの庭園から追放された。とはいえ、いまでもロスト・ガーデンズ・オブ・ヘリガンで、可憐な紫の花を咲かせている。

第4章　温室の感動

このたぐいまれなるツツジの交配種のたしかな品質は、温室やサンルーム用の観葉植物として、現在たいへん多くの方々に認められているところでありますため、今回あらたにカタログに加えた下記のすばらしい品種についても、これまでの品種にまさるとも劣らぬご愛顧を頂戴できるものと私どもは確信しております。
――ジェームズ・ヴィーチ＆サンズのカタログ、１８９２年

ツツジは屋外の植物というイメージがあるが、実際には、現在知られている種の4分の1以上が熱帯性植物で、温暖な気候であっても、温室のなかでしか栽培できない。これらはほぼすべてビレア・グループに属している。現在ではビレア節のツツジを育てているのは熱心な愛好家だけだが、ヴィクトリア時代にはこのグループは非常に人気があった。そして驚くことに、その人気を作り出したのはたった一軒の養苗店、すなわちその養苗店を経営していた非凡な一族の努力にほかならなかった。

その物語は１７６８年にはじまった。16歳のジョン・ヴィーチは、スコットランドから船でロン

ロドデンドロン・ヒアシンソスム。ニューギニア原産。ビレア節のツツジのひとつ。

ドンにわたり、同郷のスコットランド人で、当時の代表的な種苗家のひとり、ジェームズ・リーに弟子入りした。リーは才能ある庭師で実業家でもあった。そして、ヴィーチのなかに自分と同じ素質があることを見抜いた。ヴィーチを雇った2年後、リーはエクセター近郊のキラートン邸に彼を派遣し、屋敷のあらたな所有者サー・トマス・アクランド・ダイクのために広大な美しい庭を作るように命じた。[1]

9年後、ヴィーチは庭造りを大きく前進させただけでなく、不要な苗木を近隣の人々に売って、地所を潤すこともした。サー・トマスは彼を執事頭に任じて安定した終身雇用を約束すると同時に、生涯自由に使用できる土地を与えた。さらに、自分で養苗店を経営してみてはどうかと勧めた。[2] サー・トマスは、成人した息子を亡くしたばかりだったので、頼もしい庭師に対して父性本能に似たものを感じていたのだろう。

1808年には、ヴィーチ商会の事業は軌道に乗っていた。生き残った息子たち、トマスとジェームズ（長男はトラファルガー海戦で亡くなった）は園芸の才能に恵まれていたので、養苗店で働いた。さらにジェームズには、父親と同じかそれを上回る商才があった。年を取るにつれて、ジョンが体形も人柄も円くなり、駄洒落好きになったのに対し、ジェームズは痩せていて、頭の回転が速く、抜け目なかった。やや神経症的なところがあったようだ。[3] とりわけ重要だったのは、彼もまた異国の植物に熱烈な関心を寄せていたことだ。それが養苗店の未来を決めた。

1826年、ヴィーチ商会には大勢の従業員がいた。店で品種改良した花や木で数々の賞を受賞するようにもなっていた。当時の養苗業界は非情かつ熾烈な世界で、一流の職人は、こんにちの一流サッカー選手のように世間の尊敬を集めた。そのため、ヴィーチ商会が、ジョン・ドミニーという有能な種苗家をライバル店から引き抜いたことには大きな意味があった。[4] ジェームズはつねにあたらしい植物を手に入れようとした。しかし、その当時、あたらしい植物を外国から運んでくる方法はかぎられていた。植物の輸送は費用がかかるうえに、植物が途中で枯れてしまうことも珍しくなかった。そして、キュー・ガーデンは休眠状態に入っていた。[5]

1830年にワーディアンケース、すなわちテラリウム［植物栽培用の小型ガラス容器］が発明されると、植物を本国までぶじに持ち帰れる確率がぐんと上昇した。それは運搬可能な、自己充足型の、密閉されたガラス容器で、植物から蒸散される水分が結露となってガラスの壁に付着し、底に敷いた土に流れ落ちて、植物がふたたび吸い上げるという仕組みになっていた。気をつけて船に積めば、植物は1年がかりの航海を生き延びることができ、種から芽が出て若木になれば、養苗家たちにとっては時間の節約にもなった。[6] 1841年には、ウィリアム・フッカーとジョン・リンドリー［1799〜1865年。イギリスの植物学者］が進言したおかげで、キュー・ガーデンに復活の兆しが見えてきた。ジェームズは王立園芸協会に入会して、王立植物園に生まれ変わったキュー・ガーデンの初代園長フッカーと定期的に文通するようになった。[7] ジェームズはある計画を温めていた。商業目的の採集家を海外に派遣して、あたらしい植物を手に入れるのである。

ヴィーチ商会には、若く飛び抜けて優秀なトマス・ロブ［1820〜94年］という種苗家がいた。彼は十代半ばからヴィーチ商会で働いていた。[8] おそらく、ジェームズはトマスを派遣するつもりでいたのだろう。しかしトマスには手塩にかけている若い苗木があった。また、デヴォンシャー公爵がカナダに派遣したふたりの庭師が亡くなったばかりだったこともあって、海外派遣に二の足を踏んだのだろう。[9] そこで代わりに、トマスの兄で、もっとたくましい兄のウィリアム［1809〜64年］が、1840年にアメリカに派遣された。トマスのように子供の頃から植物が大好きだったウィリアムは、いまや腕のいい庭師となり、未知の土地に出かけたくてうずうずしていた。[10] ウィリアムは南北アメリカ大陸全域で採集活動を行なった。巨大なセコイアデンドロン（*Sequoiadendron giganteum*）や、モンキーパズル（*Araucaria araucana*［和名チリマツ］）をヨーロッパにはじめてもたらし、これらの木は商品として売られるようになった。[11] ロドデンドロン・オクシデンタレをイギリスに持ち帰ったのもウィリアムだった。この木は、エクスベリーのナップビルと、その後のアザレアのグループの発展に重要な役割を果たした（第2章参照）。ウィリアムは「コーニッシュ・アーリー・レッド」（*ponticum x arboreum*）というツツジを、ブラジルの皇帝の宮殿に届けることもした。[12]

ロドデンドロン・オクシデンタレ。ウィリアム・ロブによってもたらされた。この木自体は平凡だが、エクスベリー、ナップヒルとその後のアザレア・グループの発展に重要な役割を果たした。

ロドデンドロン・マラヤヌム。最初に発見され記録されたビレアの種。

ウィリアムの成功に意を強くして、ヴィーチ商会は2回目の遠征を計画した。目的地は旧世界（アジア）だった。今回はトマスが派遣されることになったが、ジェームズは、この繊細な若者が、粗野な水夫たちに混じって旅ができるだろうかと心配した（ウィリアムについて、そうした気遣いはいっさいなかった）。非常に長い航海のあと、1843年6月、トマスはシンガポールに到着した。目的地はジャワ島だったが、地元の役人に1年間足止めされた。現代の植物採集者には身につまされる話だ。そこでトマスはマレー半島で調査探検をはじめた。[13]

当時、科学者に知られていたビレア節のツツジはR・マラヤヌム（*R. malayanum*）だけだった。[14] 1861年までに、トマス・ロブはさらに4つの種、ジャヴァニクム（*javanicum*）、ジャスミニフロルム（*jasminiflorum*）、ブローケアヌム（*brookeanum*）、ロンギフロルム（*longiflorum*）（＝ロビイ）を発見し、これら5つの種をすべて生きた状態でヴィーチ商会に送った。じつは、ジェームズもトマスも、ツツジよりランに関心があったのだが、腹立たしいことに、ランは輸送中に枯れてしまうことが多かった。一方、ツツジは、長い航海を生き延びて、ジェームズ・ヴィーチの投資に多少なりと報いてくれた。[15]

ジョゼフ・フッカーのおかげで、いまやツツジは一大産業になろうとしていた。しかし、インドに到着したトマスは、これ以上ツツジを追いかけるのは危険が大きく割に合わないと判断した。[16]それはとんでもない誤算だったが、トマスは、息をのむほど美しいラン（ヴァンダ・コエルレア *Vanda coerulea*［ヒスイラン］）と、ユリ（カルディオクリヌム・ギガンテウム *Cardiocrinum giganteum*［ヒマラヤユリ］）をヴィーチ商会に届けて埋め合わせをした。[17]丈が高く、巨大な花を咲かせるこのユリは、ツツジの群生のあいだで栽培するのに最適だった。

1851年、ロンドンの水晶宮で万博が開かれ、ヴィクトリア時代の温室植物ブームに拍車をかけた。多くの養苗店がランやベゴニアを競い合うように出品するなか、ヴィーチ商会だけがビレアを展示した。また、ジョン・ドミニーやジョン・ヒールといった、ヴィーチ商会が抱える優秀な交配育成者がビレアの品種改良に取りかかった。さらにR・テウスマニイ（*R. teysmannii*）とR・ムルティフロルム（*R. multiflorum*）というふたつの種がボルネオ島からやって来て、ビレア節は合計7種になった。[18]これらの種から、1891年までのあいだに150種の交配種が作られた。

ヴィーチ商会が育てたビレアの交配種は、ヴィクトリア時代の数多くの温室を彩っただけでなく、

カルディオクリヌム・ギガンテウム。トマス・ロブが収集し、ヴィーチ商会が販売したユリ。非常に大ぶりで、同じような生態系に自生していることから、ツツジと一緒に植えるには最適。ほとんどのツツジが咲き終わる6月に花を咲かせる。ツツジとユリを組み合わせた美しい植栽は、エディンバラ王立植物園、セント・アンドリューズ植物園で鑑賞できる。

科学の理解の進歩にも貢献した。1891年、植物学の大家G・ヘンズロー［1835～1925年］が、王立園芸協会で講演を行なった。[19] ヘンズローは講演で、植物どうしの形質遺伝の法則について当時わかっていたことを過不足なくまとめ、ちまたに流布していた誤った知識を否定し、あらたな洞察を付け加えた。彼が挙げた証拠はすべて、ヴィーチ商会が栽培したビレアの交配種から得られたものだった。ヘンズローは、なぜビレアが（実際にはほとんどのツツジの花が）、ある特定の色になり、別の色にならないのかを理路整然と説明した。

ツツジの花の色素はすべて黄と深紅《ローズレッド》のふたつに還元される。黄は、表皮あるいは下層組織の細胞内に散在する黄色い微粒子によって生まれる。

一方、赤は、個々の細胞に含まれる色のついた分泌液の集中度、もしくは紅色《ローズ》の分泌液を含む細胞の重なりによって生じる。[20]

このように、ツツジの花のふたつの原色は、まったく異なる細胞のメカニズムによって生み出される。オレンジ色と鮮やかな赤色は、ふたつの原色が両方組み合わさることで生じる。1輪の花の花弁に見られる色のばらつきは、片方、あるいは両方の色素の集中度の違いによって生じる。したがって、ピンク色の花と黄色の花を交配すれば、たいてい、赤もしくはオレンジの子が生まれる。ただし、一方の種の遺伝子が、他方の色素の遺伝子を発動させたり停止させたりして、その結果、予想もしなかった色の花が咲く場合もある。よって、白い花のR・ジャスミニフロルムとオレンジ色の花のR・ジャヴァニクムを交配すると、生まれた子（「プリンセス・ロイヤル」と「ジャスミニフロルム・カルミナトゥム」）はピンク色の花を咲かせる。[21]

雑種第1世代（F1）を一方の親と戻し交配すると、もう一方の種の遺伝子は半分だけ保たれるが、どの遺伝子が残るかは子によって異なるので、個体間に大きなばらつきが生じる。ゆえに、「プリンセス・ロイヤル」を、R・ジャヴァニクムと戻し交配すると、子は、淡紅色の花を咲かせる場合もあれば、乳白色の花を咲かせる場合もあり、黄白色の花を咲かせる場合もある。[22]とはいえ、ヴィーチ商会の職人たちは、しばしば、雑種第1世代（F1）を第3の種と、さらに次世代以降を第4の種と交配した。

ヘンズローによれば、彼らがこうした独自の交配法を採用したのは、純粋なひとつの種をつねに親として持ち続けることで、どの個体にもすぐれた品質が、とくに色の品質が保証されるからだという。[23]現在わかっているように、この方法を使えば、交配種はある特定の種の遺伝子群をまるごと持つことができる。交雑は交配種を健康で生命力旺盛にする。さらにいくつかの異なる種の遺伝子を任意に組み合わせることで、唯一無二の性格を授けることができる。逆に、雑種どうしを交配させると、「雑種崩壊」を起こす危険がある。鍵となる遺伝子がないので適応度の劣る子が生まれるからだ。そのため、ヴィーチ商会の交配育成者たちはめったにこれを行わなかった。[24]

ヘンズローは、こうした交配の結果、ある色調が、1世代を飛び越えてふたたび現われる現象も目撃した。「タイロリー」は、祖母の「プリンセス・ロイヤル」と同じピンク色の花を咲かせる。しかし、直接の親である「プリンセス・アレクサンドラ」の花はピンクがかった白い花、「R・ブローケアヌム変種グラシレ（*R. brookeanum* var. *gracile*）」の花は淡黄色だった。[25]

交配についてよくある誤解は、それによって突然変異体が生じるというものだ。すなわち、交配を行なうとDNAが変化し、その結果、遺伝子の機能が変わったり、働かなくなったりするという考え方である。それは事実ではない。突然変異は、地球上のあらゆる有機体のあらゆる世代を通じて緩やかな速度で起きている。ただしその速度が、放射線などの要因によって加速する場合はある。交配種に予想外の性質が現われるのは、通常、遺伝子が混じり合い、かつ、一方の遺伝子が他方の遺伝子に影響をおよぼすため、あるいは、そのどちらかの理由が原因だ。一方の遺伝子が他方の遺伝子に影響をおよぼすためだ。

ただしまれにではあるが、ほかのどんな個体にも言えるように、交配種の植物にたまたま突然変異が生じることはある。ヴィーチ商会の腕利き職人のひとり、ジョン・ヒールは、雑種第2世代の1輪の花に、突然変異を起こした雄しべが1本あるのに気づいた。どの品種かはっきりと記録されてはいないが、おそらく、ジャヴァニクムか、ジャスミニフロルムか、ブローケアヌムの子孫だろう。ヒールは、あえて同じ花の雌しべにその雄しべの花粉を受粉させた。すると、そこからみごとな子孫が続々と誕生し、これらはまとめて「バルサマエフロルム」節と命名された。そのなかには、完全な八重の花を咲かせるものもあれば、一重の花のもあり、同じ木の別の幹に八重と一重の花を同時に咲かせるものもあった。色は、白から深紅までとその中間の濃淡さまざまなピンク色、あるいは赤から黄色までとその中間の濃淡さまざまなオレンジ色で、花と葉の形もじつに種々様々だった。ヘンズローによれば、八重咲きの個体を、一重咲きの個体と掛け合わせると、子は例外なく一重咲きになったという。[26]彼が記していることは、遺伝学の祖であるメンデルという修道士が、有名なエンドウで発見した遺伝子発現の優性・劣性のパターンとまったく変わらない（その当時、メンデルの研究は無名の雑誌に掲載されたものの、誰にも顧みられないまま埃をかぶっていた）。

19世紀後半は、ヴィーチ商会とビレア節の両方にとって絶頂期だった。1853年、ヴィーチ一族は、チェルシーにあらたな土地を購入した。こうして、それ以降、ロンドンの未来の顧客に自分たちの苗木を展示できるようになった。[27]ジェームズ・ヴィーチには5人の息子がいたが、3人は国外に出かけたまま帰らず、残ったふたりのうち、ウィリアムをむりやり事業に参加させたことは、当然ながらよい結果につながらなかった。[28]唯一ジェームズ・ジュニアだけが、父親の技量と洞察力

バルサマエフロルム・グループの4つの栽培品種。すべて、自家受粉した同じ花から生まれた。左上：「ラジャー」、右上：「アルブム」、左下：「カルネウム」、右下：「アウレウム」。

を受け継いだ。そこで、チェルシーの店の経営は彼に託され、父親のジェームズが引き続きエクセターの店を管理した。10年後に父ジェームズが亡くなると、放蕩息子のロバートがエクセターの店を継ぎ、こちらはおもに苗木を商う養樹園になった。[29]ヴィーチ商会は分割され、ジェームズ・ジュニアがチェルシーの職人集団とともに、ビレアの品種改良を牽引していくことになった。

とはいえジェームズ・ジュニアは、植物採集家たちと、父親のように心やすい関係を築くことはできなかったようだ。ウィリアム・ロブは最終的にカリフォルニアに定住し、孤独のうちに亡くなった。トマスは、父ジェームズが亡くなった1863年頃から、ヴィーチ一族と連絡を取り合うのをやめていた。しかし、6年後にロンドンにやって来て、ジェームズ・ジュニアに面会を求めた。ふたりがなにを話し合ったのか、これはあくまで憶測だが、ジェームズがトマスに植物採集を再開してくれないかと期待する一方、トマスは、兄に対する仕打ちや、自分が採集中に怪我をして働けなくなったあと、なんの支援もしてくれなかったことに腹を立てていたのではないか。ふたりは激しく罵り合い、ジェームズ・ジュニアはその晩、心筋梗塞を起こして亡くなった。[30] ジェームズの子供たちが、その後トマスといっさい関係を断ったのも無理はない。しかし、彼の孫のジェームズ・ハーバート・ヴィーチ［1868～1907年］は、ヴィーチ商会の植物、人々、活動の、決定版とでも言うべき記録『ヴィーチ家の庭 *Hortus Veitchii*』のなかで、ロブ兄弟にしかるべき賛辞を贈っている。[31]

ジェームズ・ジュニアには3人の息子がいた。ヴィーチ一族のなかでみずから植物採集に赴いた人間はふたりしかいないが、3人息子のひとり、ジョン・グールド・ヴィーチ［1839～70年］はそのひとりだった。彼は、フィリピン諸島とポリネシアから500以上の植物を持ち帰った。しかしその代償は大きく、わずか31歳で結核のためにこの世を去った。[32] 末息子のアーサーも、1880年に早逝した。1878年までチェルシーの店で働いていたロバートの息子のピーターも、年老いた父を助けるためにエクセターの養苗店に移った。こうしてジェームズ・ジュニアのまんなかの息子ハリーが、大家族に残されたただひとりの成人男子として店を切り盛りするようになった。[33] ジョンの息子のジェームズ・ハーバート・ヴィーチは、父親の非業の死にもひるむことなく、のちに植物採集の旅に出る。彼がイギリスにもたらした植物のなかには、R・シュリッペンバチイ［和名クロフネツツジ］もあった。[34]

ツツジ「トリウムファンス（勝利）」、ヴィーチ商会が育てたビレアの栽培品種のなかで、生き残った数少ない品種のひとつ。

20世紀が幕を開け、エドワード7世の時代がはじまると、ビレアの人気は落ち目になった。ビレアは温室以外の場所で栽培できず、温室のなかで勢いを増すランに圧倒されてしまった。ヴィーチ商会も、アーネスト・「チャイニーズ」・ウィルソンを中国に派遣することで、ビレアの衰退に拍車をかけた。ウィルソンは、寒さにきわめて強く、かつ異国情緒を湛えたツツジの第1波をイギリス本国にもたらした（第5章参照）。ヘンズローが記述したビレアの栽培品種は、残念ながら、すべてのバルサマエフロルムも含め、温室から姿を消した。[35] さらに残念なことに、それらはすべて唯一無二のクローンだったので、似たものを作ることはできても、まったく同じものを再現することは不可能だ。現存する数少ないビエラの

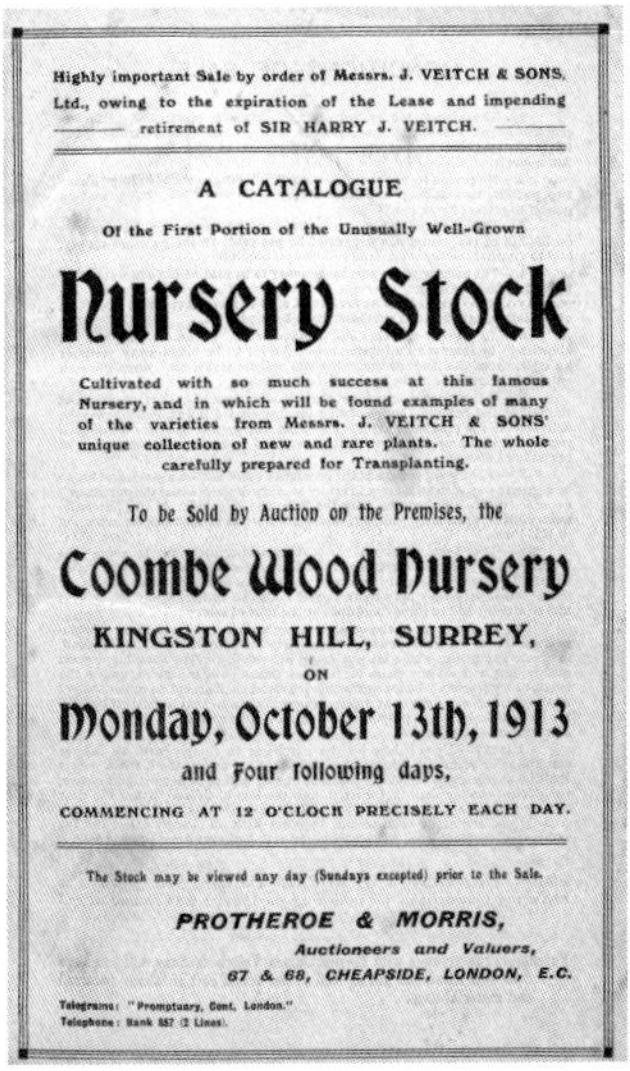
Highly important Sale by order of Messrs. J. VEITCH & SONS, Ltd., owing to the expiration of the Lease and impending retirement of SIR HARRY J. VEITCH.

A CATALOGUE

Of the First Portion of the Unusually Well-Grown

Nursery Stock

Cultivated with so much success at this famous Nursery, and in which will be found examples of many of the varieties from Messrs. J. VEITCH & SONS' unique collection of new and rare plants. The whole carefully prepared for Transplanting.

To be Sold by Auction on the Premises, the

Coombe Wood Nursery

KINGSTON HILL, SURREY,

ON

Monday, October 13th, 1913

and Four following days,

COMMENCING AT 12 O'CLOCK PRECISELY EACH DAY.

The Stock may be viewed any day (Sundays excepted) prior to the Sale.

PROTHEROE & MORRIS,
Auctioneers and Valuers,
67 & 68, CHEAPSIDE, LONDON, E.C.

Telegrams: "Promptuary, Cent. London."
Telephone: Bank 857 (2 Lines).

オークションの・カタログの表紙。ヴィーチ・アンド・サンズ商会が店仕舞いすると記されている。

改良園芸種は、エディンバラ王立植物園内の熱帯山地性植物を集めた温室で一部を見ることができる。

同じ頃、ヴィーチ商会も衰亡への道をたどったようだ。ジェームズ・ハーバート・ヴィーチも弟のジョンも（ジョンはイギリス代表としてハットトリックを決めたサッカー選手だった）、事業の経営には向いていなかったらしい。ジェームズは1907年、ジョンは1914年に亡くなった[36]。こうして、ハリーがまたしてもヴィーチ商会をひとりで背負って立つことになったが、すでに60歳を超えた身で、いつまでも続けるわけにはいかなかった。ハリーには子供がいなかった。あらたな税制が商会の広大な地所に重くのしかかる一方、矛盾するようだが、輸送費の値下がりもヴィーチ商会に打撃となった。輸入事業の競争が激化したためだ。老人がひとりで養苗事業を営む時代は終わった。あらたな経営者を雇って、ヴィーチ商会の看板に傷をつけることをおそれ、ハリーはチェルシーの店を完全に畳むことにした。こうして、園芸愛好家にとって最後の大盤ぶるまいが行なわれ、閉店セールでは、6000を超えるツツジの苗木も売りに出された。[37]

エクスターの事業は、ロバートの息子のピーターが引き継いだが、まもなく戦争による大損害を被った。大勢の庭師が続々と戦地に召集された。1914年以降、彼らの名前は、雑誌「ガーデナーズ・マガジン」に定期的に掲載される「功労者名簿」に記された。たとえば、1914年10月31日号には、従軍した116名の「園芸家」の名前が記されている。そこには、ピーターの息子、J・レオナルド・ヴィーチの名もあった。彼は、ソンムをはじめ複数の戦いを生き延び、戦功十字勲章を受章し、少佐に昇進したが、1918年、デヴォンシャー連隊第1大隊の臨時指揮官を務めた戦闘で亡くなった。[38] 兄が戦死したため、妹のアナ・ミルドレッドがピーターのあとを継ぎ、ヴィーチ商会最後の経営者となった。アナは1969年までエクセターの店を守ったが、健康状態の悪化によりやむなくサン・ブリジット養苗園に店を売却した。[39]

ヴィーチ一族は、園芸史上稀に見る華やかな役割を演じてきたにもかかわらず、いまでは園芸史の本でしか顧みられることがない。一方、ビレアは、ささやかながらふたたび脚光を浴びている。現在、数十を超える品種が輸入され、数百種類が記録されている。さらに、もはやとくに裕福でなくても、暖房の効く温室を設置することが可能になった。言うまでもなく、大量の原料が手に入るようになったため、膨大な数の交配種が次々と誕生している。[40]

ビレア節は、おもに熱帯雨林の高い木々の枝に潜んでいるため、ほかのツツジ属の種より、はるかに上手に人の目をかいくぐることができる。そのため、ほかのグループでは、まぎれもない新種が発見されることはまれだが、ビレア節の新種はいまもときおりひょっこり姿を現すことがある。

これまでに記録された種は313種類にのぼるが、そのほとんどがまだ栽培されたことがない。[41] 科学者たちも、この驚くべきグループの歴史の解明に着手し、できるだけ多くの種からDNAを採取し、それを使って系統樹を組み立てている。[42]

この系統樹から、ビレアが有鱗型ツツジ（ヒカゲツツジ亜属）から枝分かれした特殊な系統であることがわかっている。最初に枝分かれしたビレアの種は、きわめて変わった生態を持つR・サンタパウイ（*R. santapaui*）で、インド北東端、ヒマラヤ山脈南面に位置するアルナーチャル・プラデシュ州のふたつの場所でしか確認されていない。[43] 彼らはヒマラヤ山脈東部山麓にあるその土地から南下して、熱帯アジアの島々に向かった。あとには、ビレアもどきと呼ばれる種群が残った。これらはツツジのなかでもっとも小さな花をつける。R・カワカミィ（*R. kawakamii*）、R・クアドラシアヌム（*R. quadrasianum*）、R・レトゥスム（*R. retusum*）もその仲間だ。

熱帯アジアの島々に到着すると、ビレアは爆発的に多様化しはじめ、さまざまな進化系統が生まれた。彼らは島から島へと広がり、ときには戻ってきた。海によって分断されているために、異なる個体群がそれぞれ固有の進化の道をたどるようになった。彼らはそれぞれの島固有の生息環境、花粉媒介者に適応し、そのため、たとえば花の色や形がまたたくまに変化した。実際、似ているように見えて、近縁関係にないことがあきらかになるケースは珍しくない。というのも、異なる系統の植物が、どちらも同じ花粉媒介者を利用している場合、収斂進化によって、似たような花を咲かせるようになるからだ。島々を巡る進化のプロセスはいまもまさに進行している。というのも、R・ジャヴァニクム、R・ジャスミニフロルム、R・マラヤヌム、R・ゾリンゲリ（*R. zollingeri*）のよ

ニューギニアからやって来たビレア・グループのツツジたち。左から右、上から下に、アナガリフロルム、ベニトジアヌム、バゴボヌム、ブラッキイ、クリスティ、クリスティアナエ、コモナエ、クルヴィフロルム、グラシレントゥム、ヒアシンソスム、コノリ var. フラエオペプルム、レプタンスム、ロランシフロルム、マクグレゴリアエ、プレイアンスム、ラルム、ソリタリウム、ステヴェンシアヌム、スペルブム、ヴィティス - イダエア。

うな種が、多数の島に散らばっているからだ。生育場所ごとに異なるR・ジャヴァニクムの花の色や形は、異なる種そのものになりつつある過程なのかもしれない。

ニューギニアの物語は少々異なる。ビレアは、ここでは群を抜いて多様で、パプアだけで88種が存在する。[44]これらのほぼすべてが、過去1500万年以内にこの島に到着したたったひとつの、共通の祖先から派生したものだ。[45]その後、この島に入ってきたビレアはほとんどなく、オーストラリア以外の土地に移出した種も確認されていない。それは、大博物学者アルフレッド・ラッセル・ウォレス［1823〜1913年］によって、当初、動物の分布において見出された壮大なパターン［「ウォレス線」と呼ばれるバリ島とロンボク島の間を通る生物の分布境界線］の一部を成している。ニューギニアとそれを取り巻く島々の植物、とくに動物の生物群集は、これより西の地域のものとまったく異なる。それはニューギニアが、オーストラリアプレートの一部で、最近になって、ボルネオ島とさらに西の島々に接近したからだ。さらに、ニューギニアは地質学的に非常に複雑な歴史があり、現在存在する島の大半は、2000万年前は海中に没していたらしい。[46]だとすれば、ニューギニアに最初のビレアがやって来たのは、これより西のすべての島々で、ビレアのグループが多様化したかなりあとだったと考えられる。あらたに到着したビレアは、生まれてからまだ日が浅く、生長を続ける雨林の生態系に迎えられて、あらゆる植物が利用できる生態学的ニッチを占領するためにすばやく多様化した。そしてツツジ属固有の進化の爆発的パワーを見せつけた。

厳密な進化論的観点からいえば、ビレアはツツジ属のなかの1グループにすぎない。[47]しかし、見た目に特徴があるため、容易に見分けられる。唯一の着生植物［他の植物の表面に生育して独立栄養を営む植物」ではないが、シャクナゲ亜属の稀少なふたつの仲間を除き、マレーシア諸島に生育する唯一のツツジ属だ。多くのツツジ愛好家はこのグループのことを知らないが、一度目にすれば、たちまち虜になるだろう。かつて、ヴィーチ一族とその交配育成者たちが惚れ込んだように。

第5章　ツツジのふるさと

シナ帝国（中華帝国）には世界のほかのどこよりも、この属の種が豊富にあるものと考えられる。

――J・T・D・ルウェリン「耐霜性のツツジとアザレア」（1893年）

中国南西部雲南省の北東端に、3つの大河が流れている場所がある。川どうしの間隔は80キロメートルと離れてはいないが、けっして交わることはない。ミャンマー南部のマルタバン湾に注ぎ込む怒江《どこう》（サルウィン川）、1290キロメートル離れたベトナム南部の河口に広大な三角州を持つメコン川、そして、ふいに北に曲がったかと思えば、ふたたび南に進路を変え、うねうねと蛇行しながら北東に進み、ほかのふたつの川の三角州から2820キロメートル以上離れた上海近郊で東シナ海に注ぐ揚子江。この3つの川は、雲南省ではおそろしく深い谷間《たにあい》を流れている。そのため、高い山の尾根によって互いに隔てられている。異なる谷間に生息する植物や動物の個体群も、同じように互いに隔絶されているため、異なる進化の経路をたどっている。そのため、この地域にはたぐいまれなる多様性が生まれている。

20世紀初頭、植物採集家のジョージ・フォレスト［1873〜1932年］は、雲南省北東部を歩き回るうちに、ある確信を抱くようになった。この土地の天を衝く峰々のどこかに、あらゆるツツジのはじまりの場所、ツツジのほんとうのふるさとが隠れているに違いない。そこでは数百もの異なる種類のツツジが、天に向かって一斉に梢を伸ばしているだろう、と。しかし、それはひとりの男の妄想、いわば植物の理想郷《シャングリラ》だった。フォレストがすでに踏みしめているその場所こそ、地球上のほかのどこよりも野生のツツジが豊富に自生する場所だった。

フォレストは、総計して数百種にのぼるツツジの新種を西欧の庭園にもたらした、ひと握りの採集家のひとりだった。彼らが運び込んだ膨大なツツジに比べると、フッカーが送ったコレクションがじつにちっぽけなものに思えてくる。彼らはみな、途方もない危険に遭遇した。かろうじて難を逃れた者もあれば、故郷から遠く離れたアジアの地で命を落とした者もいた。

19世紀半ばまで、中国は秘密主義の国で、外国人との交易にもほぼ無関心だった。数人のロシア人宣教師が入国を許され、そのおかげで、キリーロフという医師がR・ムクロヌラトゥム（*R. mucronulatum*［カラムラサキツツジ］）を発見したが、それ以外は、沿岸に交易場が2か所あるだけで、そこに駐在する人々が遠方に足を伸ばすことは許されなかった。1842年、第一次アヘン戦争に敗北した中国は、外国の訪問者に沿岸部の一部を開放することを余儀なくされた。[1] それは、ロドデンドロン・カムピオナエ（*Rhododendron championae*）の発見につながり、また、チャノキ泥棒ロバート・フォーチュンの大胆かつ極悪な偉業を可能にし、その他の植物に混じってR・フォルトゥネイ［fortuneiはフォーチュンへの献名］がヨーロッパにもたらされた。

1860年、あっけなく決着のついた第二次アヘン戦争の結果、あらたな条約によって、中国全土に特定の外国人が、具体的には役人と宣教師が常駐することが認められた。これによって、中国奥地での商業的植物採集がはじめて可能となったが、その後40年間、商業的採集はほとんど行なわれなかった。前途を嘱望されていた若き植物学者リチャード・オールダム［1837～64年］と、オーガスタス・マーガリー［1846～75年］は若くして亡くなったが、オールダムの数々の発見のひとつが、R・オルダーミィ（*R. oldhamii*）だった。きわめて影響が大きかったのは、ヴィーチ商会が派遣した採集家、チャールズ・マリーズが、宜昌《ぎしょう》［湖北省西部、長江沿岸の港市］で引き返してしまったことだった。そのため、彼は雲南省とその周辺の、目を見張るばかりの植物の多様性を見逃してしまった。[2] さらに、怒りっぽい性格のために中国人と揉めて、中国人は敵対的だとヴィーチ商会に報告した。こうした事情が重なって、ヴィクトリア時代のあいだは、中国にふたたび商業的採集遠征隊を派遣しようという積極的な動きが生じなかったのだろう。[3] こうした流れを一変させたのが、ふたりのフランス人宣教師だった。

アルマン・ダヴィッド神父は、カトリック司祭として教育を受けたが、開明的な修道会のおかげで、自然科学への愛を追求し続けることができた。イタリアのサヴォナ大学では科学を教え、熱意あふれる授業を行ない学生たちに愛された。しかし、東アジアをその目で見てみたいという思いはやみがたく、ついに1862年、モンゴルに向けて旅立った。フランスの科学者たちは、ダヴィッド神父の博物学者としての非凡な才能に気づいていたので、彼に標本を集めることを認め支援して

ロドデンドロン・ダヴィディイ。ジャン・ピエール・アルマン・ダヴィッド神父にちなんで命名された数多くの種のひとつ。

くれるようにと嘆願した。[4]

１８６９年、ダヴィッド神父は四川省にやって来た。ここでも、謙虚で温厚な人柄と、礼儀正しいふるまいによって、用心深い地元の人々の信頼と友情を勝ち取り、中国の奥地に入り込むことができるようになった。[5]１８７４年に帰国するまで、神父は莫大な数の標本をヨーロッパに送り、園芸学上重要な無数の植物を発見した。その多くが、ブッデレイア・ダビディイ（*Buddleia davidii*［和名フサフジウツギ］）、ダヴィディア・インヴォルクラータ（*Davidia involucrata*［和名ハンカチノキ］）、ロドデンドロン・ダビディイ（*Rhododendron davidii*）など、彼にちなんだ名前を持つ。そのほかに、R・デコルム（*R. decorum*）、R・モウピネンセ（*R. moupinense*）、R・ストリギロスム（*R. strigillosum*）も発見した。[6]

ダヴィッドに続いてやって来たのが、同じく有能な採集家で博物学者のジャン・マリー・デラヴェ神父［１８３４～95年］だった。どちらの神父も、単独で丘陵地を歩き回り、自分たちが見つけた植物をすべて体系的に記録し、そうやって、西洋の科学がまだ知らなかった数千種の植物を発見した。フランスの偉大な植物学者アドリアン・フランシェ［１８３４～１９００年］は、R・キリイカルクス（*R. ciliicalyx*）、R・ファスティギアトゥム（*R. fastigiatum*）、R・イロラトゥム、R・ラセモスム（*R. racemosum*）、R・ユナネンセ（*R. yunnanense*）など、デラヴェが発見した新種の植物だけを取り上げた1冊の本を書いた。[7] R・デラバイ（＝*R. arboreum* ssp. *delavayi*）の「delavayi」はデラヴェ神父への献名である。この木は、中国西部でもっとも生い茂り、文化的に重要な意味を持つツツジのひとつだ（第7章を参照）。いかにも聖職者らしく、１８８８年に腺ペストに感染したあとも、デラヴェは献身的に採集活動を続けたが、7年後に病状が悪化し雲南省で亡くなった。[8]

宣教師にして植物学者だったのはこのふたりだけではない。ポール・ファルジュ神父は、R・ファルゲシイ（*R. fargesii*）、R・ディスコロル、R・スチュエネンセ（*R. sutchuenense*）、ジャン・スリエ神父は、R・スリエイ（*R. souliei*）、R・ラモシッシムム（*R. ramosissimum*、現在はR・ニヴァーレ *R. nivale* と呼ばれている）というツツジを発見した。[9]

ダヴィッド神父とデラヴェ神父が発見した異国の植物について、園芸家たちは、文字で読むことはできても、栽培することはできなかった。宣教師たちは、商業的な種子の採集は行なわなかったからだ。こうして、中国の植物を採集したいという熱意が高まった。オーガスティン・ヘンリーというアマチュア採集家が、雲南省の蒙自《もうじ》などの町で洋関総税務司として働くかたわら５００種の新種を発見したことは、その熱意をますますかき立てた。[10] ヘンリーは、R・アウグスティニイ（*R. augustinii*）とR・アウリクラトゥム（*R. auriculatum*）を発見し、ハンカチノキが生えている場所を特定した。それは、イギリスの養苗家ハリー・ヴィーチが喉から手が出るほど欲しがっていた木だった。[11] いまや、ヴィーチ商会になにより必要だったのは、現地に赴きその木を入手する、勇敢かつ有能な若者だった。

1899年、キュー・ガーデンの園長が、ヴィーチ商会にアーネスト・ヘンリー・ウィルソンという学生を推薦した。[12] ウィルソンは、ヴィーチ商会で養苗取引について半年間学んでから、北米経由で中国に向かった。ヘンリーが中国を離れようとしていたので急がなければならなかったが、中国で疫病と反乱が発生したために数週間足止めされた。ついにふたりは会うことができた。ヘンリーは、ハンカチノキがたった1本生えている場所を記した略図をくれた。その小さな紙切れは、160キロにまたがる土地一帯を示したもので、地図としてはあまり頼りにならなかった。[13]

アマチュア植物学者は単独で旅ができたが、商業目的の採集家は、自分が集めるたくさんの植物を運ぶために大勢のお供《とも》を必要とする。ウィルソンは、通訳、料理人、荷担ぎ人足を雇い、船を購入した。重要人物であることを誇示して、土地の役人を感心させたり脅したりしなければならない場合に備えて、輿も2挺購入した。ウィルソン隊は湖北省巴東《はとう》まで船で移動し、そこからは徒歩で山岳地帯を進んだ。地元の親切な人が、ヘンリーが略図に印をつけた場所まで案内してくれた。ところが、がっくりすることに、ウィルソンを待っていたのは切り倒されたばかりのハンカチノキの切り株だった。[14]

ウィルソンによって発見されたツツジのうちの2種。R・ルテセンスとR・ダヴィドソニアヌム。

ウィルソンはうちひしがれて宜昌に戻った。そして、宜昌の丘で手に入れられるものを雇用主に送った。R・デコルム、R・ファルゲシイ（*R. fargesii*）、そして、現在キウイフルーツと呼ばれるアクティニディア・チネンシス（*Actinidia chinensis*）などである。ある日、鬱蒼とした森の下生えをかき分けながら進んでいくと、ふいに目の前に、満開の花を咲かせたハンカチノキが現われた。ウィルソンは歓喜して、1902年、意気揚々とヴィーチ商会に戻った。[15]

2度目の採集旅行ではおそろしい災難に遭遇した。船に乗り、宜昌上流の急流に差し掛かったとき（豪雨の直後でいつにも増して川は荒れていた）、ウィルソンたちの前を進んでいた三艘の船が相次いで木っ端微塵になり、乗船していた全員が川に飲み込まれて死んだ。しかし、男たちが100人がかりで船の縄を引っ張り、ウィルソンの船はどうにか急流を通過することができた。[16] チベットをくまなく探検調査する困難な旅はこうしてはじまった。ウィルソンはロドデンドロン・カロフィトゥム（*Rhododendron calophytum*）、R・ルテセンス（*R. lutescens*）、シプリペディウム（*Cypripedium*［アツモリソウ、クマガイソウに代表されるラン科の多年草］）の2種、無数の高山性植物を持ち帰った。そのなかにはいまも非常に珍重されているメコノプシス・インテグリフォリア（*Meconopsis integrifolia*［青いケシの一種で、黄色い花を咲かせる］）もあった。

1905年から1906年にかけて、ウィルソンはイギリスに1年以上滞在して娘の誕生を見届けた。1907年から1909年に行なわれた3度目の旅では、ロドデンドロン・モウピネンセ（*Rhododendron moupinense*）と美しいリーガルリリー（*Lilium regale*）を採集した。しかしユリの球根は帰国するまでにすべて腐ってしまった。そこでウィルソンは1910年に中国を再度訪れ、そこで植物界の絶景のひとつを見た。何万ものリーガルリリーが一斉に咲き誇り、ふだんは草一本生えていない岷山渓谷の斜面を一面覆い尽くしていた。ウィルソンは大喜びで、秋になったら球根を採集するために、それらのうち6000本の場所に印をつけた。そして、輿に乗るというめったにない贅沢を自分に許してその場を去った。[17]

中国の山岳地帯では、土砂崩れは日常茶飯事だ。地震と、地盤を支える斜面の植生が雨風でこそげ取られてしまうのが原因だ。凶事の最初の兆候は、ウィルソンの犬が怖じ気づいて尻込みしたことだった。続いて、斜面の上のほうから激しい音をあげて岩が落ちてきた。ウィルソンが輿から飛び降りたその瞬間、巨大な石が当たって輿は砕け散った。唯一の避難場所は、前方に固定された巨石だった。ウィルソンは、部下と一緒にその石を目指して走った。しかしそのとき、小さな岩があたって片脚を骨折してしまい、痛みに動くこともできず、地面に倒れたまま、最後の岩がすぐそば

日本の茶道に挑戦するアーネスト・ウィルソンの妻と娘（アーネスト・ウィルソン撮影）。

を転がり落ちていくのを見ていた。気を失っていたら、一行はそのまま逃げ出して、置き去りにされたウィルソンは死んでいただろう。しかし意識ははっきりしていたので、部下たちにその場を離れるなと大声で命じ、カメラの三脚を添え木代わりに立ち上がろうとした。しかしそうする前に、しばらく地面にじっと横たわっていなくてはならなかった。ラバの大きな群れがすぐ脇を通っていった。ラバたちはウィルソンの体を一度も踏むことなく彼の目の前を慎重に進んでいった。[18]

脚はすぐに感染症を起こした。ふたつの幸運が重ならなければ助からなかっただろう。まず、遠征隊には2挺目の輿が無傷で残っていた。そこで、負傷した隊長を輿に乗せて成都《せいと》［四川省の省都］まで運ぶことができた。ふたつ目の幸運は、W・H・デイヴィドソンという医者が同行していたことだった。彼のおかげでウィルソンの命と脚は救われた。[19] 感謝の印として、のちにウィルソンはあるツツジにR・ダヴィドソニアヌム（*R. davidsonianum*）と命名した。

これほどの大怪我を負えば、たいていの人は採集旅行を続けようと思わないだろうが、ウィルソンは違った。ボストンのアーノルド植物園で数年働いてから、さらに2度、今度は比較的地味な採集の任務に取り組んだ。旅の目的地はおもに東洋の養苗園で、妻と娘も同行した。その旅は、西欧にクルメツツジをもたらした。[20] 出発したとき、娘のミュリエルはまだ7歳だった。幼い少女にとってその旅は、信じられないほどの興奮と、はてしなく続く退屈の両極を行ったり来たりするものだったのではなかったか。[21] その後、ウィルソンはボストンで、家族と幸せに11年間を過ごした。かつての偉業のために、地元の人々から「チャイニーズ・ウィルソン」と呼ばれていることをひそかに喜びながら。ウィルソンはたくさんの科学的論文や園芸学的論文を執筆した。ツツジ属に関するものもいくつかある。そのなかの「アザレア」の説明は、当時は絶大な権威とされた。[22] もっとたくさんの業績を残せたはずだが、残念ながら、1930年に交通事故で妻とともに亡くなった。[23]

商業的植物採集家の多くは、非常に縄張り意識が強く、自分たちの縄張りによそ者が現われようものなら、家飼いの猫そっくりの反応をする。その例外が、仲間と採集するのを好んだレジナルド・ファラー［1880～1920年］だ。ファラーが幼少期を過ごしたのは、石灰岩に覆われたヨークシャー州の丘陵地で、そのため高山性植物に愛着を抱くようになった。最初の採集の旅では、ウィルソンの偉業の前にやや影の薄くなっていたウィリアム・パーダム［1880～1921年］という採集家とチームを組んだ。ふたりは1914年から1915年にかけて、チベット高原の東端を探索したが、たいした成果は得られなかった。そのうえ戦争のせいで、採集した植物の多くは、栽培される間もなく消えてしまった。ファラー自身はその後終戦まで情報省で働いた。[24]

戦争後、フォレストが雲南省は自分の縄張りだと主張したため、ファラーはビルマ（ミャンマー）北部を探索することにした。1919年のあいだはユアン・コックスと共同で、1920年に入ってからは単独で採集活動を続けた。彼はツツジ属の新種を発見し、スペラビレ（*sperabile*）、カロストロトゥム（*calostrotum*）、カムプロカルプム亜種カロクサンスム（*campylocarpum* ssp. *caloxanthum*）を送ったが、ビルマの植物はイギリスの庭園で栽培するのが難しかったため、ほとんど反響はなかった。[25]

ビルマの地形は起伏に富み、高い湿度がこれに追い打ちをかける。おまけに輸送するために種を乾かすのがきわめて困難だった。ついに1920年10月、わずか40歳で、ファラーは赤痢に感染して亡くなった。[26] 彼の遺産は、戦争中に執筆した2冊の植物採集冒険譚のおかげで、短命に終わった採集家のキャリアをはるかに凌ぐものとなった。[27] 2冊の本は、戦争の恐怖から立ち直りつつあった世界で、中国の植物を手に入れたいという人々の欲望をかきたてた。こうしてファラーより長生きする幸運に恵まれた植物採集家たちへの需要が高まった。あまりにも若くして亡くなった男について、旅に同行したファラーは感動的な文章を残している。

ずんぐりした体に、カーキ色のシャツと短ズボンを着て、ネクタイもカラーもつけず、色褪せたトーピー［インドの日除け帽］を頭にのせ、くたびれた長靴をはいていた。長靴下はしだいにずり落ちてきて、1日が終わるころには足首に絡みついていた。夜明けとともにせわしなく飛び出し、愛用の望遠鏡を肌身離さず首からぶら下げていた……採集用の缶に入っていた植物が価値あるものとわかればご満悦、価値がないとわかれば、ぶうぶう文句を言った。[28]

1902年、エディンバラの南にあるグラッドハウス湖で、ジョージ・フォレストというスコットランド人の青年が釣りをしていた。すると、とつぜん激しい雨が降りはじめた。雨宿りする場所を探していたフォレストは、砂利に覆われた斜面から見慣れない長方形の石が飛び出しているのに気づいた。じつはそれは、古墳からはみ出た先史時代の石棺で、なかには人骨が完全な状態で納まっていた。[29] その発見により、フォレストは、エディンバラ王立植物園園長アイザック・ベイリー・バルフォアの目に留まった。フォレストは、すでにそのときには熟練の旅行者で、植物標本の作り方の訓練も受けていた。[30] バルフォアに提供できたのは、植物標本室で押し花を扱う仕事だけだったが、フォレストはそこでのちに妻となるクレメンティーナ・トレイルに出会った。1年後、バルフォアは、中国原産のあらたなサクラソウを求めていた養苗家アーサー・バリーに、フォレストを植物採集家として推薦した。[31]

1904年、フォレストは雲南省南西部の町大理《だいり》に到着した。しかし、植物を採集する季節はすでに終わっていたので、冬のあいだに中国語を学び、地元の人たちに天然痘のワクチンを接種して、彼らの友情と尊敬を勝ち取った。さらに信用の置ける仲間を募集して、1905年、最初の本格的な採集旅行に出発した。しかし彼の行く手には危険が待ち構えていた。[32]

フォレストが出発する直前、イギリスと中国の両国がチベットに軍事侵略を行なった。すると腐

ジョージ・フォレスト。馬にまたがり、いざ出発。

敗したチベットのラマ僧たちは、自国の人々を焚きつけて、血なまぐさい反乱を起こさせた。中国人の役人、イギリス人、そしてなんの罪もないフランス人宣教師までもが――しばしば背筋の寒くなるような方法で――虐殺され、住居は焼き払われた。[33] R・ソウリエイを発見したジャン・アルマン・スーリエ神父も犠牲者のひとりだった。[34] ところがフォレストは、こうした出来事をいっさい知らなかったので、チベットと雲南省の国境に近いツェコウ（現在はチグ）にある、デュベルナール神父とブルドネック神父の宣教師館にやって来た。[35]

残忍なラマ僧たちが行く手に待ち受けているという知らせを聞いて、フォレスト隊のメンバーは逃げ出した。大勢の女性や子供を含む宣教区の住人も全員一緒だった。100人が列を作り、月明かりを頼りに必死に歩いた。一行は巴塘《はとう》にあるラマ教修道院のそばを通らねばならず、ひとつでも物音を立てれば、敵に気取られるおそれがあった。それでもすばやく移動すれば助かるチャンスはあったが、ある村の村長に行く手を阻まれて、思うように進むことができなかった。さらに悪いことに、高台に差し掛かって振り向くと、宣教区が燃えているのが見えた。宣教師たちは絶望して地面に座り込み、このまま死を待つと言い出した。なにか建設的なことをしなければと、フォレストは死に物狂いで見晴らしのきく場所によじ登り、全員が逃げられる道はないか探そうとした。ところが代わりに見えたのは、自分たちを目指して道を走る武装したチベット人たちの姿だった。[36]

敵が来たぞ、というフォレストの旅に遠征部隊は逃げ出したが、ひとりを除いて全員捕まった。ブルドネック神父は毒矢に斃れ、宣教区の住人は大半が虐殺された。とつぜんひとりきりになって、フォレストは逃げた。鬱蒼とした茂みをかき分けて進むあいだに、着ている服はずたずたに裂けた。彼は巨大な岩の陰に隠れてライフル銃を構えた。見つかったら最後の抵抗を試みるつもりだったが、チベット人たちは通り過ぎていった。その晩、フォレストは、眼前に立ちはだかる巨大な岩山と密林をひたすら登り続けた。しかし通り抜けたあとで、谷間に通じる道は、犬を連れ、かがり火を焚くチベット人たちにふさがれていることがわかった。9日間、フォレストは谷に閉じ込められ、昼は姿を隠し、夜は抜け道を探したが無駄骨に終わった。足跡から居場所がばれることをおそれて、長靴を地中に埋めたが、そのせいで足に深手を負ってしまった。何度か殺されかけ、捕まりかけた。毒矢が2度、帽子を貫通した。[37]

逃げている途中、デュベルナール神父が斜面の上のほうに現われて、身ぶり手ぶりで下流へ進むように示してくれたおかげで命拾いしたという。デュベルナール神父はその3日前に殺されていたはずだという複数の証言がある。[38] フォレストを救うために、死者の国から甦ったのだろうか？ もっと合理的に考えるなら、おそらくデュベルナール神父はいったん捕まってから数日間逃げ出し、その後また捕らえられて殺されたのだろう。[39] いずれにせよ、殉教したふたりの司祭は、現在メコン川谷上流の大聖堂とカトリック共同体によって聖人としてあがめられている。[40]

逃亡中、フォレストは、地面に落ちていた干からびた豆と小麦を数粒口にしたほか、なにも食べなかった。痛めつけられてあざだらけになり、餓えのために死にかけて、ついによろよろとした足取りでいちばん近くの村に向かった。食べ物を手に入れるために戦って死ぬのだろうと覚悟を決めていた。しかし、その村の人々は親切で、村長は、「これまでの人生で出会った最良の友人のひとり」だった。彼らは、フォレストを、険しい山道を安全にこっそり連れ出せるように手配してくれた。こうして、「私たちは数マイルにおよぶツツジの群生を切り分けながら進んだ」。そこはまさに植物学者の楽園だったが、ゆっくり楽しんでいる時間はなかった。[41]

もっと気概のない男なら中国から逃げ出していただろう。ところがフォレストは、逃げ出すどころか、回復するやいなや、1905年10月に友人のリットン領事とふたたび旅に出た。しかしリットンはまもなくマラリアに感染して亡くなり、フォレストは中国でかけがえのない友人を失った。[42] フォレスト自身もその年の後半にマラリアにかかったが、故国に戻ることを拒み、病床から指示して採集した植物を整理させた。[43] こうして回復したあとも、このときのスタイルに倣って採集した植物の

フォレストの採集チームと押し花。趙成章の姿も見える（左から6番目）。

整理が行なわれるようになった。フォレストのコレクションの多く（おそらくその大半）は、実際には、彼が集めた勤勉で有能な、地元の人々によって作られたものだ。地元の人々を指揮したのは、趙成章という人物で、フォレストは彼を「老《ラオ》・趙（趙先生）」と呼び、趙はフォレストを「老《ラオ》フー」と呼んだ。趙は植物の分類について眼識があり、R・ギガンテウム（*R. giganteum*）とR・プロティストゥム（*R. protistum*）は異なる種だと主張し、フォレストはこれに反対した（面白いことに、これらは現在同じ種の別個の変種として認識されている。つまりふたりとも半分ずつ正しかったということだ）。趙のチームは、フォレストがスコットランドに帰国しているあいだ、彼の代わりに植物採集までした。おそらく趙は、世界中の誰よりもたくさんのツツジを採集しているはずだ。[44]

故国で、フォレストはクレメンティーナと結婚し、植物採集に赴くチャンスを断らなければならなかった。というのも、旅に出かけてしまったら、はじめての子の誕生を見届けることができなかったからだ。その後、フォレストの旅に後援者たちが出資するようになり、後援者たちはしだいにツツジを欲しがるようになった。１９２０年までに、フォレストは中国に4回出かけて、１００種類以上のツツジを持ち帰ったと言われる。[45] それにもかかわらず、フォレストのなかでは、自分が手に入れたものは氷山の一角に過ぎないという思いが募っていった。

フォレストは、ツツジにはすべての種が生まれたはじまりの場所、すなわち「ふるさと」があるはずだと考えた。そこに行けば、誰も夢にも見たことのないような、多様なツツジの種があたり一面に花を咲かせているに違いない、と。どこを目指せばよいのか、フォレストには目算があった。北緯29度より北、東経98度より西である。彼のノートには「北西へ向かえば種はどんどん増える。しかし、東や南へ進路を変えるとたんに数が減る」と記されている。[46] 恩師のバルフォアは弟子を励ました――仮説が正しかろうが間違っていようが、フォレストが採集旅行に出かければコレクションはますます充実したからだ。

奇妙なことに、フォレストが率いた遠征隊の信仰が、この探索を助けもすれば、妨げにもなった。彼らは、幼い頃からトンパの神話を聞いて育ったナシ族だった。伝説によれば、白水台の頂には3本の巨大な「黒ツツジ」が生えている（第6章参照）。フォレストの話している場所が白水台を指すと考えたなら、彼らは行きたがらなかったはずだ。伝説によれば、そこは黄泉の入口でもあったからだ。しかし、伝説は彼らの文化に深く根付いていたため、その場所がどこにあるのか、彼らにはすぐにぴんときた。ナシ族の人々は、ツツジが生えている場所をじつに効率よく探し出すことができたので、フォレストは、もっとも偉大なツツジの収集家になることができた。しかし、彼らの伝説に登場するツツジの「ふるさと」を見つけることはできなかった。バルフォアが1922年に亡くなると、フォレストの探索は尻すぼみになっていった。[47]

1926年3月に6度目の調査探検の旅を終えるまで、フォレストが家庭で過ごした時間は、過去9年間のうち2年にも満たなかった。[48] そしてついに、彼は腰を落ち着ける覚悟を決めたようだった。妻と父親にちなんだ名前をツツジに付けているくらいだから（クレメンティナエ *clementinae* とトライリアヌム *traillianum*）、フォレストの結婚生活は純粋に幸せなものだったのだろう。4年間、フォレストは妻と3人の子供たちと幸せな日々を過ごした。しかし1930年、中国がふたたび手招きし、フォレストはふたたび旅の計画を立てた。これでもうおしまいにする、家族にはそう約束した。[49]

遠征は幸先の悪いスタートを切った。フォレストは、出資者のひとりで、深い考えもなく旅についてきたジョンソン少佐の、無鉄砲で快楽主義的なふるまいに耐えなければならなかった。ジョンソン少佐のせいで旅は何度も延期され、さらに愚かな行動がたたって命取りになりかねない病気にかかったときは、ひどいストレスにもなった。[50] ついに少佐がいなくなると、フォレストはせいせいした気分で旅を続け、たくさんの種子を集めることができた。しかし、この旅は60に手が届こうかという男性にとってあまりに負担が大きかった。帰国の準備を進めるさなか、フォレストは心筋梗塞で倒れ、そのまま息を引き取った。彼の亡骸は、雲南省の、親友のリットンのそばに葬られた。[51]

フォレストが発見したツツジ。上は義理の父親にちなんでトライリアヌム、下は妻にちなんでクレメンティナエと命名された。

墓参りすることさえ許されなかったクレメンティーナは、おそらく、代わりにエディンバラ王立植物園を訪れ、夫が中国から持ち帰った種からすくすくと生長する数多くのツツジを見て心を慰めただろう。エディンバラの植物園では、非常に多くの種が肩を並べて生長している。つまりフォレストは、ある意味、自分が探し求めていたツツジのふるさとを作る手伝いをしたと言えるのかもしれない。

いまでは、雲南省がツツジのふるさとであるはずがないとわかっている。なぜなら、なんとツツジは、ヒマラヤ山脈よりおそらく2000万年前から存在するからだ。ツツジが進化をはじめたとき、雲南省の地形は現在とはまったく違っていた。

ツツジの物語は9000万年前頃にはじまる。このとき、ツツジ属を含むすべてのツツジ科のすべての植物の共通の祖先が、菌類とのあらたな相互作用の方法を進化させた。[52] 植物の根と菌類の関係は、植物が陸上に出現したときからはじまったのだろう。しかしツツジ科は、ほかの大半の植物よりもはるかに幅広い種類の菌類と共生関係を結ぶことができる。[53] たとえば、中国の、たったひとつのツツジ属の種の根から、14種類の異なる菌類が見つかった。[54] これらの菌類はそれぞれ異なる栄養分をツツジに届けるので、栄養分が手に入りにくい場所ではあきらかに有利だ。そのため、ツツジ科の植物は、土壌が痩せている場所や酸性の場所でも生い茂ることができる。中国や、それ以外の場所でも、ツツジが生態系で優勢なのはそれが理由だろう。[55] 逆に言えば、フォレストはじめ多くの植物採集家たちが指摘しているように、中国原産の種が、むき出しの石灰岩の土地で生長できるのは菌類のおかげなのだ。[56]

化石による証拠から、6000万年前には、ツツジ属はすでに進化を遂げ、中央ヨーロッパ、中国、北米大陸東部にくまなく広まっていたことがわかっている。[57] それは、インド大陸とユーラシア大陸が衝突して、ヒマラヤ山脈が形成されるより前の出来事だった。DNA分析から、すべての大元となった最初のツツジ属の種は、R・カムシャティクム（*R. camtschaticum*）であることがわかっている。これは亜北極の大地を覆い尽くすように根を張り、多数の腺毛を持ち、ごく小さな花が群れ集まるように咲く種で、ツツジとまったく似ていないと言っていい。[58] とはいえ、共通の特性はいくつかある。左右対称の花、年が変わるごとに芽を出し生い茂る葉、小さな種子がぎっしり詰まった莢《さや》、糸状の花粉。ツツジの共通の祖先にもこれらの特性が備わっていたはずだ。

ロドデンドロン・フォレスティ。発見者であるジョージ・フォレストにちなんで命名された美しい矮性種。

非常におおざっぱではあるが、DNAの証拠は大規模な分岐がいつ起きたのかも教えてくれる。およそ4000万年前、主要な3つの系統が分岐した。ヒカゲツツジ亜属（「有鱗片型」）、シャクナゲ亜属およびレンゲツツジ亜属、そしてツツジ亜属だ。[59] この3つの系統はすべて、おもにアジアの固有種なので、分岐はアジアで起きたと考えられる。ツツジ属のなかで、さまざまな性質を併せ持つ半端物たち、たとえば、ヨウラクツツジ属、R・アルビフロルム、R・セミバルバトゥム、そしてR・シュリッペンバチイを含むグループについては、正確な時期はまだわからないが、おそらく同時期か、すぐあとに分岐したのだろう。

レンゲツツジ亜属のレンゲツツジ節とロドラ節は、約2200万年前に常緑生のシャクナゲ亜属から分岐した。[60] 約500万年前まで、ロシア東北部とアラスカは、現在海中に没しているベーリング陸橋によってつながっていた。当時の環境は、現在の地球の環

エンキアンスス・シネンシス。9000万年前に誕生したツツジ科の共通の祖先はこんな花だったのだろう。

境とはまったく違っていただろう。温暖ではあった（地球はいまよりずっと暖かかった）が、そこは北極圏だったので、冬季は完全な闇に包まれた。[61] こうした環境が進化を後押しして、陸橋をわたって北米に移動していくあいだにシャクナゲ亜属は落葉性になったのだろう。

約1000万年前、シャクナゲ亜属が多様化しはじめた。先陣を切ったのはポンティカ・グループで、10ないし11の種が分岐し、その後、現在の生育地域である北米大陸、黒海沿岸地域、およびアジア北東部に落ち着いたらしい。[62] このグループの少なくともひとつの系統が、中国西部もしくはその周辺に移動し、そこで、インド大陸とユーラシア大陸の衝突の後遺症である巨大なチベット高原の隆起に多大な影響を受けた。[63] インド大陸とユーラシア大陸の衝突によって、ヒマラヤ山脈は現在のような、とてつもなく巨大な姿になった。土地の隆起に伴い、流水が土地を浸食し、雲南省を横切る3つの川の流域ほどの広大な川谷が出現した。この地域の生息環境は急速に変化し、変化に合わせて植物もすみやかに進化した。それぞれの土地に、高度、勾配、向き、雨蔭に応じてそれぞれ異なる環境が生じた。ツツジの個体群は、巨大な尾根と谷によって隔てられ、それぞれの個体群が独自の進化を遂げた。こうして数百万年のあいだに、シャクナゲ亜属はなんと200種以上に増えた。[64] ヒカゲツツジ亜属についても同じことが起きた。こちらも生育地域で数百種に枝分かれした。この進化が現在も続いているのは間違いない。これほど多くの種のなかに地理的多様性が見られるのがその証拠だ。フォレストの言葉を引用しよう。

種の境界を定めようという企てを私は完全にあきらめました。個々の種に、ある姿形、ある類似性はあるようですが、まるでてんでばらばらで、共通の特徴を持つタイプとは根本的に異なるようです。[65]

意外にも、交雑が進化のプロセスを加速させたのかもしれない。アステロクノウム（*asterochnoum*）、カロフィトゥム（*calophytum*）、インシグネ（*insigne*）、プラエヴェルヌム（*praevernum*）、スチュエネンセ（*sutchuenense*）で構成される、中国原産のあるツツジのグループはすべて、現在は絶滅してしまったポンティカという種に由来する遺伝子マーカーを持っている。それは、これらのグループが、はるか昔に、進化系統的には遠く離れた種と交配して生まれた祖先から派生していることを示唆する。[66] 養苗家たちが何世代もかけて実証してきたように、交雑はこれまでにない種を生み出す。そし

ロドデンドロン・カムシャティクム。ほかのどのツツジにも似ていない。

て適切な条件がそろっていれば、非常に早く、あらたな種を作り出すことができる。たとえば、R・バランゲンセ（*R. balangense*）は、R・ワツォニイイ（*R. watsonii*）とR・プラッティイ（*R. prattii*）の交配種から進化したのかもしれない。[67] じつに興味深いことに、異なる遺伝子マーカーに基づくツツジの進化系統が一致しないのは、ツツジの歴史においては交雑が絶えず繰り返されていて、属の進化を加速させていることを示唆しているのかもしれない。

偉大な植物採集家の活動期間は、たいてい10年、せいぜい20年といったところだが、フランク・キングドン＝ウォードは48年間にわたって数かぎりない採集旅行を行なった数少ない例外だ。活動をはじめてから1年以上の空白があったのは、2度の世界大戦に従軍していたときだけだった。[68] 探検こそが彼の情熱の源で、採集活動は旅行費をまかなう手段だった。大学を卒業すると、ただちに中国で教師として働き出したが、1909年に調査探検の募集があると聞いて2年で仕事を辞めた。1年後、養苗家のバリーに植物採集家として雇われ、雲南省に派遣された。植物採集家として、つねに単独か、わずかな仲間だけをつれて行動したのは冒険精神の現われだろう。[69]

キングドン＝ウォードにはふたつの弱点があった。病的な高所恐怖症と、笑ってしまうほどの方向音痴だ。植物を探すあいだに道を逸れてしまうのはしょっちゅうで、完全に迷ってしまったことも幾度かあった。あるときは、飢えをしのぐためにツツジの花を食べて、軽い中毒を起こした。ところが不思議なことに、植物が生育していた場所は信じられないくらい正確に覚えていて、美しい花を見て数か月後に種子を集めに戻るときなど、この記憶力が非常に役立った。多くの採集家たちより幸運にも恵まれたが、若いときはそれなりに病気もした。険しい崖から幾度か滑落し、その都度命拾いした。倒壊した家の下敷きになったこともある。[70]

キングドン＝ウォードは100種のツツジを発見もしくは紹介した。（フォレストとは違って）すべて自分で発見したものだった。[71] たとえば、R・シナバリヌム亜種ザンソコドン（*R. cinnabarinum* ssp. *xanthocodon*）が、手を伸ばしてもとても届きそうにない崖の岩肌でオレンジ色の花を咲かせているのを見たときの胸の高鳴りについて、オレンジ色は「あらゆる色のなかでもっとも稀少だ」と記述している。その年の秋の終わり、彼は花の種子を採集するためにもう一度その場所に行って、雪と格闘して種子を手に入れた。[72]

ウォードのもっとも有名な探検は、チベットのツァンポー峡谷と、アルナーチャル・プラデシュ（イ

ロドデンドロン・プラエヴェルヌム。DNA を分析した結果、はるか昔、遠い進化系統どうしで交配した特徴的痕跡があきらかになった。

ンド北東部の州）の北端を踏破した旅だろう。1924年、これらの土地を探検した者はいなかった。そこには凶暴な部族がいたるところにいて、水しぶきをあげる瀑布が行く手を阻んでいると考えられていた。チベット南部のツァンポー川は、インドとバングラデシュに入るとブラマプトラ川になると言われていたが、ツァンポー川がブラマプトラ川になる地点に到達できた者はおらず、そのため真相は謎のままだった。そんな誘惑に、キングドン＝ウォードの冒険魂がどうして抵抗できるだろうか。そこで彼はチベットから出発して、ヒマラヤ山脈を貫くツァンポー峡谷沿いに歩いていった。そしてついに、ブラマプトラ川の終点に到達したが、そこにたどり着くまでのあいだに無数のツツジの新種を発見した。そのなかには、ヴェナトル（*venator*）、エクサスペラトゥム（*exasperatum*）、アウリトゥ

ロドデンドロン・マカベアヌム。フランク・キングドン＝ウォードによってイギリスの庭園に運ばれてきた、目の覚めるような花を咲かせる種。

ム（*auritum*）、ペマコエンセ（*pemakoense*）がある。[73] のちに故国に持ち帰ったツツジのひとつが、ひときわ華麗な花が目を引くR・マカベアヌム（*R. macabeanum*）である。

ウォードの最初の結婚は14年で破綻した。家にほとんどいなかったのだから無理もない。2番目の妻ジーンにとって、夫の不在は問題ではなかった。というのも、ジーンは夫の旅に同行したからだ。そして夫との旅に関する本をみずから執筆した。[74] ふたりは、1950年のアッサム・チベット地震（マグニチュード8・6）をともに生き延びた。ただし地震のせいで、高山性植物の「収穫は台無しになった」。[75] ウォードは、70歳を超えてからもしばらくアジアの高い山々に登っていた。[76]

1930年代を通じて、エディンバラ王立植物園は、中国の植物学者たちを招き、西洋科学の正式な手ほどきを授けた。そのなかに、兪徳浚《ユウデジュン》［1908～86年］という植物学者がいた。『博覧強記の植物採集家として名高い知識人で、数多くのツツジの種子をもたらした。のちに『中国植物誌』の編纂事業の中心人物となる。[77] 兪は昆明植物研究所の共同創設者でもあった。昆明植物研究所は、最終的に北京植物園と並び、中国におけるツツジ研究の一大拠点となる。ほかに、方文培《ほうぶんばい》［1899～1983年］という学者もいた。彼は正式なツツジの分類学の中国で最初の専門家になった。[78] しかし、エディンバラに留学したことで、個人的に辛い代償を支払わなくてはならなかった。愛する母親の葬儀に参列できなかったのだ。彼は罪滅ぼしのために、あるツツジに母親にちなんだ名をつけた。[79]

1950年までに、これらの学者たちは中国に帰国した。方はまたイギリスに戻ってくると約束した。彼らの目標は、後進を指導し、中国に近代的な植物学を確立することだった。最終的に目標は達成されるが、帰国した時期が悪かった。中国国内で国共内戦［中国国民党と中国共産党による内戦］がはじまり、毛沢東［1893～1976年］率いる共産主義者たちが勝利をおさめた。中国に最後まで残っていた欧米の植物採集家ジョゼフ・ロック［1884～1962年。オーストリア生まれ、アメリカの植物学者］は、飛行機に飛び乗って逃げなくてはならなかった。[80] 知識人への締めつけは、文化大革命で頂点に達した。この間、科学的な研究は中断され、科学者たちは野外労働に従事させられた。この暗黒の時代に、信義に厚い方文培は両脚を骨折した。[81]

毛沢東が死去すると、中国は方針を転換して、より現実的な共産主義を目指すようになった。鄧小平［1904～97年］は、科学的探究の復興を奨励した。兪、方ら植物学者たちは過去の友情を

昆明植物園。うしろに見えるのは昆明植物研究所の施設。現在ここはツツジ研究の一大拠点になっている。

忘れず、欧米の植物学者を中国に招いた。こうして1980年、声をかけられた欧米の植物学者たちのうち数名が中国を訪れた。欧米の植物学者が中国の土を踏むのは30年ぶりだった。痛ましくも、方は脚を引きずりながら、「ご覧のとおり、いまでは私も年を取り、ふたたび中国を離れて研究するという約束は果たせなくなりました」と述べた。[82] 代わりに、彼は、若くてもっとも優秀な弟子の胡启明《こけいめい》を推薦し、共同研究が再開された。

翌年、最初の野外遠征が実施され、デコルムとデラバイの交配種を含む多数のツツジが見つかった。過去の調査探検と異なり、今回調査団を率いたのは中国の研究者たちだった。以後、植物の野外遠征調査ではこのパターンが踏襲された。[83] その他の点では、旅は以前のものとよく似ていた。地元の人々は見慣れない白人の顔に驚嘆し、「螞蟥《マーワー》!」と叫んで、

ロドデンドロン・アガンニフム（手前）とルフム（うしろ）。ウィンザー・グレート・パークのヴァレー・ガーデンにて。

ヒルに気をつけろと警告してくれた。[84]

その後も欧米の学者たちは中国を訪れた。中国の科学者たちにとって、植物調査の旅に参加するのはたいへんな名誉だったが、「有頂天になった」賓客が怪我するのではないかといつもひやひやしていた。欧米の科学者のなかには、岩屑が積み重なった山の長い斜面を思い切り駆け下りたりする者もいたからだ。しかし、1989年の天安門事件のあと、四川省にいた合同遠征隊の身に迫った危険はその比ではなかった。成都にいた多くの欧米人は飛行機でカブールに脱出した（なんらかの理由で、ほかの便は手配できなかった）。しかし、胡启明は一行を率いて、年金暮らしをする共産党員用の施設に身を寄せ、事態が沈静化するまで身を潜めていた。それは試練ではなかった。石灰岩滝のある景勝地で、彼らは稀少なR・ルフム（*R. rufum*）を見た。現代のプラント・ハンターが中国で最大の危険に見舞われる場所は道路だ。あるとき、植物学者たちは、燃えさかる車から命からがら逃げ出さなくてはならなかった。その後の旅行で、国境を超えてベトナムに入ったときは、中国とベトナムがくたびれた戦闘機を互いにたくさん飛ばして国境を巡視しているのを目撃した。[85]

この期間を通じて、中国の植物学者の数は着実に増えていった。あたらしい世代を教育したのは胡启明や吴征鎰《ごせいいつ》のような人々だった。近年、欧米社会が不況に陥り、科学予算が削減される一方、好況に沸く中国は多額の資金を投入して、世界的な研究事業を実行に移している。昆明植物研究所では現在も、高連明の研究室がツツジ属どうしのDNAの関係に関するもっとも包括的な研究を行なっている。[86] そして中国の研究者たちは欧米の研究者たちと共同で、百里に見られるような、交配種の巨大な個体群の秘密を解明しようとしている。

成都では、毛康珊と劉建全教授が、コメやタバコなど、DNA配列が完全に解明された植物（数は少ないが増え続けている）のリストに、R・ポンティクムを加える計画に着手した。[87] これによって、ついに、R・カタウビエンセとの交配が、イギリスの侵略的外来種ポンティクムにどのような影響を与えたのかがあきらかになり（第8章参照）、ツツジの進化にまつわる大問題への答えが見つかるだろう。かつて中国の人々は、自分たちの国の植物とその発見の物語の脇役に過ぎなかったが、こうしてついに、本来与えられてしかるべき主役の座を手に入れたのである。

第6章 ツツジの薬効と毒

蜜を見つけたなら、欲しいだけ食べるがよい。
ただし食べ過ぎて、吐き出すことにならぬように。
――『欽定訳聖書』、箴言、25章16節

中国の民間伝承によれば、貴州省［中国南西部山岳地帯の省］北西部の百里に住む牛飼いが、牛たちを涼しい草原に連れてきた。時は春、草原ではツツジが満開の花を咲かせていた。一面に咲き誇る花々を見た牛たちは、その光景の美しさに酔いしれて、ふらふらと倒れてしまった。この物語にひらめきを得た地元の観光局は、特別保護区に酩酊した牛たちの等身大の像を建てた。現在、中国人観光客たちはこの場所に差し掛かると、車から飛び出してツツジの写真を撮影する。たしかにツツジのなかには、花の匂いを嗅いだだけで酔っ払ったようになる効果をもたらす種が、少なくともひとつある。[1] しかし、そのロドデンドロン・トメントスムは百里には生えていない。おそらく牛たちは、ツツジを食べてはいけないと知らずに食べて、中毒を起こし、それをもとに伝説が作られたのだろう。中国では、ツツジは家畜に有害な木としてよく知られている。

中国百里道路脇にある「酔っ払った牛」の像。この土地に咲くツツジの美しさに酔いしれたとされる牛の伝説を記念して建てられた。

観葉植物の開発は、人類史上比較的最近の出来事だ。一方、ツツジの科学的特性ははるか昔から人類に影響を与えてきた。ツツジは家畜に害となるだけでなく、さまざまな不調に効く万能薬でもあった。程度の差はあれ、すべてのツツジには毒がある。それにもかかわらずツツジは、食べ物や飲み物として、いやそれ以上に、気分をハイにするドラッグとして利用されてきた。宗教的儀式にも、薪、道具、建築資材といった、もっと日常的な目的にも使われてきた。そして神話でも現実の世界でも、ツツジは戦争の武器となった。

紀元前67年、強大なローマ帝国は、ポントス［小アジア北東部黒海に臨む古代国家。ポントス山脈は黒海南岸を東西に走る山脈］のミトリダテス6世と、断続的にではあるが21年間戦い続けてきた。ローマ軍はミトリダテス6世をじりじりと追い詰めていったが、ポントス山脈の急な谷間や尾根から飛び出し

古代の宿敵。ポントスのミトリダテス6世（紀元前135～65年、左）とローマのポンペイウス・マグヌス将軍（紀元前106～28年、右）。

てくる敵兵を殲滅することはできなかった。そしてついに、ローマ軍の指揮官だったルクルスが解任され、ポンペイウス・マグヌスが後任となった。[2]

　姿の見えないミトリダテス軍を追いかけて、ポンペイウスの部下１０００人が、ヘプタコメテスの領土を通り抜けようとした。ヘプタコメテスの民はミトリダテスのおそるべき盟友で、もともとイスピル周辺で、木の梢や持ち運びできる木製の櫓《やぐら》を住処としていた。[3]ローマ兵たちは彼らの領土に入ったが、まったく抵抗を受けなかった。それどころか、地元産の美味しい蜂の巣が入った壺が置かれていた。どうやら貢ぎ物のようだ。[4]誰ひとり敵の罠とは疑わず、兵士たちは壺に入った蜂の巣をむさぼり食べた。それが命取りとなった。３、４時間も経過すると、兵士たちは体の調子がおかしいことに気づいた。[5]まもなく、意識が混濁しはじめ、幻覚が見えたり、嘔吐したり、気を失ったりした。もちろん、誰も身を守ることなどできるわけがなかった。そこにヘプタコメテス人たちは身を潜めていた場所から現われて、ローマ兵たちを皆殺しにした。[6]

それが、ミトリダテスが勝利をおさめた最後の戦いのひとつだった。翌年、ポンペイウスは、ミトリダテス軍を細い渓谷におびき寄せて皆殺しにした。ミトリダテスは逃亡したが、最後は息子に裏切られて自殺した。[7]

およそ2000年後、アメリカ人のベテラン園芸家が、スコットランドのインヴァリュー庭園で、「レディ・チェンバレン」というツツジのクローズアップ写真を撮ろうとしていた。すると、花の蜜が2、3滴、彼の指に落ちた。園芸家は反射的に蜜をなめたが、その後すぐに異変に気づいた。手足にぴりぴりと痺れるような感覚があり、一部が麻痺して動かせなくなった。彼は仲間たちから離れて、やっとのことでベンチに腰を下ろした。それから5分もしないうちに、激しい気分の落ち込みを感じた。さらに方向感覚がなくなり、空中を頼りなく漂っているような感覚に陥った。20分後、彼はなんとか立ち上がり、よろよろとした足取りで仲間たちのところに戻ることができた。そして呂律の回らない舌で、「チュチジ（ツツジ）の毒にあたった」と説明した。その後、極度の飢えと渇き、眠気、激しい頭痛といった症状が出たが、ひと眠りすると回復した。[8] トルコで「マッドハニー病」と呼ばれる症状がイギリスで報告された珍しいケースだ。[9]

歴史書を紐解くと、ツツジの蜜で中毒を起こしたというエピソードが散見される。はじめて記録されたのは、紀元前401年、クセノフォン［紀元前430〜354年頃、ギリシアの軍人、ソクラテスの弟子］がギリシアの傭兵1万を率いて、黒海沿岸の国コルキスを通過しようとしたときの出来事だ。蜂蜜を求めて、地元の人々から蜂の巣を奪った兵士たちにたちまち異変が起きた――泥酔状態になった者もあれば気を失った者もいた――そして全員が「激しい気分の落ち込み」を感じた。[10]

イスピルを見下ろす山の斜面。ポンペイウスの軍勢はこのあたりで、ミトリダテスとヘプタコメテス人のハニートラップにはまって殲滅された。

賢明にも、地元の人たちは彼らを放っておいたので、数日後には全員が回復して千鳥足で故郷に向から旅を再開した。

ツツジは、茎、葉、花などほとんどの部位に毒がある。グラヤノトキシンと呼ばれる毒素のためだ（アンドロメドトキシンはグラヤノトキシンの一種）。ツツジの一部、なかでもシャクナゲ亜属の種は、花の蜜にグラヤノトキシンを含んでいる。グラヤノトキシン中毒の症状は、吐き気、大量の発汗、嘔吐、めまい、血圧の降下など[11]。ほとんどの症例は黒海沿岸地方で報告されているので、犯人はおもにR・ポンティクムとR・ルテウムだろう。どちらも黒海南側に位置する山々の斜面に生い茂る種であり、地元の人たちは、ツツジの開花期は、生の蜜に用心しなくてはならないと知っている[12]。

にもかかわらず、思いがけず中毒になる人がいまもあとを絶たない。56歳のトルコ人が、野生の

カルミア・アングスティフォリア。通称「スプーン・ウッド（スプーンの木）」、シープ・ローレル（ヒツジの月桂樹）。アメリカに自生する植物で、ツツジと同じように利用されている。蜜も同様に危険。

蜂蜜を大さじ2杯食べた3時間後、車を運転中に意識を失い交通事故を起こした。２０１０年の春には、少なくとも21人が、蜂蜜を食べたためにグラヤノトキシン中毒を起こして、イスタンブールの病院に担ぎ込まれた。[13] フッカーも、インドで蜜を食べて同様の症状を起こしたと言っている。最近では、アメリカでシアトル在住の男性が、生の蜂蜜を食べて「不整脈、低血圧になり、両腕および腸を含む筋肉のコントロールが失われ、感覚の麻痺、激しい吐き気と嘔吐が24時間続いたため、高い医療費を払って救急治療室に駆け込んだ」。[14]「マッド」ハニーを食べると、最初に、喉に激しく焼けつくような感覚が生じるという。手の皮膚に蜜が1滴落ちただけでひりひり痛むそうだ。[15]

ツツジ科の植物は一般にグラヤノトキシンを含んでいるものが多いが、そのなかで、蜜中毒の原因になるほど毒素を生成しているのはツツジ属とカルミア属だけらしい。[16] 地中海原産で、リンネより前の文献では、ツツジと同じく「ロドダフネ *rhododaphne*」と記されていたため、しばしばツツジと混同されてきたネリウム・オレアンデル（*Nerium oleander*［和名キョウチクトウ］）の蜜にも幻覚作用がある。デルフォイ神殿の幻覚は、ネリウム・オレアンデルの蜜が原因だったのかもしれない。しかし、この木はツツジよりさらに乾燥した場所を好むので、ポントスやコルキスで兵士たちを酩酊させた木ではないだろう。[17]

ミツバチが蜜を濃縮して保存する過程を通じて、蜜の毒素は不活性化されるらしい。ネパールの人々がフッカーに、ツツジが花を咲かせているあいだは生の蜂蜜を口にしてはだめだが、その年のもっと遅い時期になれば安全だと言ったのはそのためだ。[18] 生の蜂蜜の危険性は毎年劇的に変化する。天候や開花パターンの変動によって、ミツバチがツツジから集める蜜の量が変化するからだ。[19]

植物は外敵から身を守るために毒を利用する。しかし、花弁（花びら）は短命な器官なので、そこまでして守る価値はない。そのためツツジのなかには、花びらが食べられる種もある。中国西部では、漢族、ペー族、イ族の人たちはR・デコルムの花びらを食べている。ただし、ゆでてからさらに水にさらすか、定期的に交換する水に数日間さらして、毒素を抜いてから食べる。スープに入れたり、さっと炒めたり、炒り卵に混ぜたりすることもある。雲南省には、地元名物として観光客に提供している料理店もある。[20]

ロドデンドロン・アルボレウムは、ヒマラヤ山脈南面のいたるところに生い茂っている。地元ではブランと呼ばれている。少量なら生の花も食べられるが、食べ過ぎると中毒症状が出る、という

ロドデンドロン・デコルムの花のスープ。中国西部の食堂にて。

ことは、この木も少量のグラヤノトキシンを含んでいるのだろう。[21] とはいえヒマラヤの人々は、ほかに食料が手に入らないときは、花をサラダに入れて食べる。[22] ピクルスにすればもっと安全だ（おそらく毒素が破壊されるのだろう）。そのためネパールには、塩やトウガラシを入れてピクルスを作る人たちもいる。一方、ウッタラカンド［ヒマラヤ山脈が交差するインド北部の州］では、花をすりつぶし、タマリンドのシロップ漬け、トウガラシ、ニンニクと混ぜたチャツネが作られている。ブランの天ぷらもある。[23]

R・カムパヌラトゥムの花を使ったチャツネもある。ネパールでは、R・アンソポゴン（*R. anthopogon*）の花を煮出して、お茶として飲んでいる。[24] もっと最近では、ウッタラカンドの起業精神に富む人々が、R・アルボレウムの花を使った清涼飲料水の製造をはじめた。

この木が近年州花に採用されたことを利用して、州の飲み物として販売している（ただし公式に認められたわけではない）。[25] ネパールにもインドにも、アルボレウムの花のお酒がある。[26] アルボレウムの葉が、野菜として食べられることもまれにあるらしい。ただし芽が出たばかりのもっとも柔らかい状態にかぎられ、しかも凶作の年にのみ食べられているという。[27] 驚くことに、猛毒のR・シナバリヌムの花びらでさえ食卓に登場することがある。インドの一部の地域には、シナバリヌムの花びらのジャムがある。[28] ジャム作りには用心が必要に違いない。かの「レディ・チェンバレン」は、ほぼこの種から作られた品種で、花の蜜が1滴でも口に入れれば、「マッドハニー病」になる。

一方、ツツジのなかには花びらさえ有毒な種もある。韓国では、ときどきR・ムクロヌラトゥム（*R. mucronulatum*）を食べて中毒になったという事件が報じられている。この花は食べても大丈夫だと誤解している人がいるのだろう。[29] ある韓国人男性は、どうしようもなく喉が渇いて、R・シュリッペンバチイの花を50輪も食べた。この男性は、花に毒があることは知っていたが、結果を甘く見ていたようだ。[30] 偉大な植物採集家キングドン＝ウォードは、探検の途中で道に迷うことが再三あった。そんなあるとき自棄を起こしてツツジの花を食べ、腹痛に苦しむはめになった。[31] とはいえアメリカでは、ツツジを食べた人（おもに子供）152人のうち、治療を必要としたのはわずか14人、血圧が上がって入院したのはひとりだけだ。[32] 花の蜜か蜂蜜以外で、深刻な影響が出るほどツツジを食べるのは難しい。ただしアメリカでは、キャンプに出かけた人が、ツツジの枝を焚き火にくべて、マシュマロや「スモア［マシュマロとチョコレートを全粒粉のクッキーで挟んだ、キャンプファイヤーで人気のお菓子］」を炙って食べ、腹痛を起こすケースがかなりある。症例は少ないが、ツツジの樹

ロドデンドロン・アルボレウムの花を使って、ブラン（アルボレウム）ドリンクを作るインドの女性たち。

液でアレルギー反応を起こす人もいる。それよりさらに珍しいが、花が軽くかすっただけで皮膚に発疹ができる場合もある。[33]

人間は、蜂蜜で中毒を起こす場合がほとんどだが、家畜は、葉を食べて中毒を起こす。インヴァリュー庭園で園芸家が短時間経験した手足の麻痺は、動物の場合もっと深刻で、回復に時間を要する。四肢が麻痺したまま手当が受けられなかった家畜は、たいてい死ぬ。[34]「羊躑躅草」などの中国固有の植物名は、ツツジを食べたヒツジがふらふらよろける様子を表している。体重の0・2パーセントに相当するツツジの葉を食べただけで死んでしまうこともある。[35]ヒツジとヤギはどちらも同じくらい頻繁に中毒を起こすが、回復する見込みも高い。まれにイヌやネコが、庭に生えているツツジを食べたりかじったりして具合が悪くなる場合もある。北米では、シカはツツジを食べるが、なんともないようだ。胃のなかに毒を分解する酵素があるのだろう。[36]

ロドデンドロン・ムクロヌラトゥム。一部の種と異なり、花も有毒。

非常に稀少なR・アフガニクム（*R. afghanicum*）には猛毒があると言われている。そのため、アフガニスタンのクラン峡谷に住む遊牧民は、ヒツジがその木を食べないように気をつけていた。[37] イギリスでは、R・アフガニクムを使った栽培品種がひとつだけあったが、1940年代後半、家畜に害をおよぼすことへの懸念からあえて駆除された。しかし、結局また輸入された。[38]

ツツジが自生していなかった土地の動物は、ツツジを食べてはいけないと知らないのだろう。カンガルー、アルパカ、ラマ、ブラジルのヤギがツツジを食べて病気になったという話をときどき耳にする。[39] イギリスでも、30匹の若いヒツジをあらたな牧草地に移動させたところ、半数のヒツジがそこに生えていたR・ポンティクムの葉をかじったり食べたりして中毒を起こした。症状の重さはそれぞれ違ったが、うち2匹が死亡した。[40] 牧草地から逃げ出したヒツジが、見慣れない植物を試しに食べてみたり、剪定されたまま無造作に放置されていた枝を動物が食べたりして、中毒を起こす場合もある。[41]

スコットランドでは、R・ポンティクムもヒツジも野山でのびのび育っているが、ヒツジはツツジを食べてはいけないと知っているようだ。それでも、あたり一帯が厚い雪に覆われ、食べ物が見つからないときなど、ツツジを食べて中毒を起こすことはある。[42] しかし、あきらめてはいけない。ヤギやヒツジがツツジの毒にあたっても、手遅れでさえなければ、すばらしい解毒剤がある。紅茶だ！ イギリスでは昔から、農民、獣医、牧羊者のあいだで、紅茶がよく効くことが知られていた。[43] 紅茶大きなポットで、ストレートの紅茶を濃く煎じ、冷ましてから、哺乳瓶で飲ませる。ヒツジやヤギがぐったりしているときは、管を使って胃に直接流し込んでもいいだろう。ガスが出るように、紅

ヒツジの親子。牧草地にはロドデンドロン・ポンティクムが簡単に届く範囲に生えている。ここにいるヒツジたちはあきらかに、この植物を食べてはいけないと知っている。とはいえ、ほかに食べ物がなければ、試しに食べるかもしれない。

茶に重炭酸ソーダを混ぜたり、胃に膜を張って毒の吸収を防ぐためにオイルを混ぜたりすることもある。溶かしたラードやソーダを先に与えて、胃の内容物を吐かせる場合もある。[44]

ツツジの毒が役に立つ場合もある。ネパールやその他の国の漁師は、R・アルボレウムなどの木の葉を使って、魚を麻痺させる。ネパールのドーティ族は、寝具の虫除けにツツジの樹液を使っている。[45]ブータンでは、R・ソムソニイイが殺虫剤として使われている。[46]バルト海沿岸諸国およびスカンジナビア諸国では、ロドデンドロン・トメントスム（*Rhododendron tomentosum*）が、ネズミ、ナンキンムシ、ノミ、シラミ除けとして伝統的に使われてきた。[47]また、トメントスムのエキスは、蚊や、貯蔵食品を好むダニなど、害虫の駆除に非常に効果があることが証明されている。イタリアでは、いまも市販の蚊除け製品に用いられている。[48]

ロドデンドロン・モレも、古くから、原産地の人たちに殺虫剤として利用されてきた。殺虫効果が高いため、地元の人々は野生の木の花を摘んで、乾燥させてから粉末状にして、中国の薬局で売って収入源にしている。[49] 有名なコロラドハムシ(*Leptinotarsa decemlineata*)や、アブラナ科の植物にとって世界最悪の害虫として知られるコナガ(*Plutella xylostella*)など、多くの植物を食害する虫の根絶にも有効だ。[50] ツツジの毒素は、食害虫の駆除だけでなく、幼虫の成長も妨げる。さらに、害虫は、ツツジの殺虫剤で処置した植物に卵を産み付けるのを嫌う。害虫は、合成殺虫剤に対する耐性を獲得するので、ツツジの毒素を使った殺虫剤は、経済的に大きな意味を持つ可能性がある。

ヒマラヤではあらゆるツツジ、とくに、R・アルボレウムがいたるところに生い茂っているため、さらに手軽に利用されている。ブータンでは、ロドレンドロン・ホドグソニイ(*Rhododendron hodgsonii*)が籠の裏当てに使われているほか、ホドグソニイやR・ケサンギアエ(*R. kesangiae*)の葉でバターやチーズを包んでいる。ダパと呼ばれるブータンの伝統的な蓋付きのお椀はツツジの木から作られる。一方、R・ホドグソニイ、R・アルボレウム、R・ファルコネリ(*R. falconeri*)などの木は、皿やお椀、スプーン、ヤクの鞍など、大小さまざまな道具の材料になっている。[51] 中国のさまざまな民族もツツジを同じように利用している。チベット人は、ヤクの乳の攪拌機など、さらに幅広い物を作っている。[52] アメリカ、カリフォルニア州に住むアメリカ先住民は、R・オクシデンタレの強化材で作ったへらでアワビを採る。[53]

ヒマラヤに生える大きなツツジの木は、建築資材として利用されている。ただし、R・アルボレウムの木はたわみやすいので、どちらか選べるのであれば、R・ファルコネリのほうが人気だ。ツ

ロドデンドロン・モレ。もっとも毒の強い中国産の種のひとつ。そのため殺虫剤として利用されている。

ツツジはいたるところに生えているので燃料源としても無視できない。しかし、R・カムパヌラトゥムとR・シナバリヌムの煙はどちらも刺激があって、目の炎症の原因になると言われている。また、ジョゼフ・フッカーが旅行中たびたび経験したように、ツツジの木はくすぶるばかりで燃えにくいため、煙がたくさん出る。[54]

しかし、煙が望ましい場合もある。ブータンの人々は、アンソポゴン、ニヴァーレ、フラガリイフロルム（*fragariiflorum*）、セトスム、レピドトゥム（*lepidotum*）など、さまざまなツツジの種と、ビャクシンの実を混ぜてお香を作っている。[55] 仏教寺院には、R・アルボレウムの花がよく飾られている。[56] アメリカのワシントン州にあるキトサップ郡では、一週間にわたってツツジをテーマにしたお祭りが開催される。一方、カシャヤ族とポモ族は、ストロベリー・フェスティバルのとき、R・マクロフィルムの花を身につけて踊り、春の訪れを祝う。[57]

ツツジは、中国雲南省北部に住むナシ族のトンパ教の信仰体系において格別重要な役割を果たしている。彼らの宗教は採集家ジョゼフ・ロックの想像力をかき立てた。トンパの儀式は、創造神話に基づいて行なわれる。神話は手書きの経典に書き留められている。あらたな経典は、たんに古い経典を書写するのではなく、語り直されるため、口承によって受け継がれる伝統のように、物語が進化していく。[58]中国の神話は、悲劇、死者の魂、ホトトギス（第7章参照）とツツジを関連づけたものが多いが、トンパの神話は、ツツジを戦争や争いと結びつけている。

トンパの民話は、トンパの人々の創造を、すなわち、現実と神話の両方の世界とそこに住む生きとし生けるものの創造を描いている。彼らの物語に登場するツツジは3種類に分けられる（ジョゼフ・ロックのおかげで、具体的にどのツツジを指しているのかわかっている）。もっとも重要なのが「黒い」ツツジ、ムンナで、これは樹皮の色が黒っぽいR・デコルムのこと。「白い」ツツジ、シューアは、R・ルビギノスム（*R. rubiginosum*）か近縁種のヘリオレピス（*heliolepis*）。一方、「大きなツツジ」、ムンルアは、これらより大きいR・アデノギヌム（*R. adenogynum*）かこれに似た種だろう。[59]

彼らの世界は、英雄ドゥが白水台に降臨し、邪悪な怪物シュと壮大な戦いを繰り広げるところからはじまる。この血なまぐさい伝説にツツジがたびたび登場する。戦士たちが身につける刀の鞘は黒いツツジでできており、大きなツツジの木をくり抜いて盾と鎧が作られる。たった3本のツツジの木から、鎧と盾をそれぞれ1万ずつ作るように兵士たちが命じられる物語もある。シュが率いる軍団には妖怪や悪鬼も大勢いる。しかし彼は、最後に敗北して、殺され、その体はばらばらに引き裂かれる。ドゥの軍隊が、ばらばらになったシュの体をあたりにまき散らすと、引き裂かれた体は落下した場所に争いをもたらす。鳥は鳥と、獣は獣と、兵士たちは自分の武器と戦う。丘の頂上に群生する黒いツツジのまんなかにシュの引き裂かれた体が落ちると、ツツジから1万の剣の鞘が飛び出して戦いはじめる。[60]

トンパでは、儀式のあいだ、関係する伝説が詠唱される。人の体や住まいを浄める儀式では、ソシュアと呼ばれるたいまつが用いられる。伝説によると、ドゥの息子がシュの息子を弓矢で射殺し荼毘に付すと、煙が立ちのぼり、そこから黒いツツジ、白いツツジ、ドラゴンスプルース［雲杉］が生まれたという。さらに山から5つの枝が現われて、浄めのたいまつと戦った。ソシュアのたいまつは、白いツツジを含むさまざまな木や薬草を束ねて作られるが、黒いツツジの樹皮はどんなときでもかならず入れるのだそうだ。

トンパの信仰では、植物や、植物で作られた物にもわずかながら意識や特殊な力があり、そのため、人間の分身として悪霊と戦わせることができると考えられている。たいまつのように木や薬草を使って、ンガウベと呼ばれるヴードゥー教のような人形が作られ、儀式の最中に命が吹き込まれる。少なくとも20種類のンガウベがあり、それぞれが異なる姿形と力を持っている。ツツジの小枝の髪飾りをつけたツツジおばさんや、ツツジおじさんもいる。これらの人形の運命は、儀式と、彼らが演じる役割によって異なる。人形たちが力を合わせて妖怪や悪鬼と戦う場合もあれば、敵とみなされて首をはねられ、燃やされることもある。[61]

トンパ文化は、トンパ教の教祖が聖典を手にして降臨した白水台が発祥の地と言われている。ンガウベは、生者の国と、神々と妖怪と死者の国を結ぶ門とされる白水台の頂に生えていた3本の黒いツツジから生まれたと考えられている。[62] すべての死者の魂はこの道を通らなければならない。そのため、トンパ教を信じる人にとって、R・デコルムははじまりと終わりを象徴する木なのだ。

ナシ族には、もっとほのぼのとした神話もある。傲慢なツツジは、仙女の宴に招かれたが、なかなか返事をしないでいるうちに、仙女の隣に座る機会を逸してしまったというものだ。ナシ族のあいだでは、「ツツジ」みたいな女の子とは、うわべは可愛いが底意地が悪い娘という意味だ。ナシ族と同じく、中国の少数民族イ族は、ツツジを使って家の除穢《じょあい》を行なう。ツツジの花であらたに作付けした作物の豊作を願い、ツツジの葉で狩人の獲物を清める。ただし、ツツジは子供たちに悪霊を招き寄せると信じる人たちもいる。[63]

多くの有毒植物と同様、ツツジは漢方薬の成分として広く利用されている。中国の民族集団のあいだでも、ツツジの薬効は広く知られ、ツツジが薬として利用されているが、とくにヒマラヤ山脈の南側の国々では非常に重宝されている。[64] グラヤノトキシンには血圧を下げる効果があることがわかっている——血圧が下がれば、寿命は延びる。[65] ヒマラヤ山脈で、R・アルボレウムはじつにさまざまな病気の治療に用いられている。糖尿病、心臓・肝臓・皮膚の不調、下痢、赤痢、頭痛、胃の不快感、外傷、鼻血、さらに、喉にささった魚の骨を取り除くときもアルボレウムが使われている。[66] 用途に合わせて、花びら、煎じ汁、樹液、樹皮、チャツネが処方される。樹皮は、嗅ぎ薬の成分に

トンパの民話に登場する3つのツツジ。「黒」はデコルム（左）、「白」はルビギノスム（右上）もしくはヘリオレピス、「大」はアデノギヌム（右下）もしくはこれに似た種。

なり、葉や葉のペーストは、頭痛薬として頭に貼ったり、塗ったりする。人々は、先に紹介したチャツネを毎日食べて、春の天気の変化に伴う不調に備えている。ロドデンドロン・カムパヌラトゥムは、R・アルボレウムと同じように、慢性関節リウマチ、梅毒、その他多数の病気の治療薬として用いられている。[67] どちらの種も、ブータンでは、下痢、赤痢、リウマチ、座骨神経痛の薬とされている。[68] ネパールでは、怪我した牛を、R・ダルハウジアエの若葉の樹液で治療する。[69]

　ロドデンドロン・アンソポゴンには覚醒作用があると言われている。[70] インド北西部、ヒマラヤ山脈の西側に位置するヒマーチャル・プラーデシュ州では、咳、風邪、喘息、慢性気管支炎、

ロドデンドロン・カムパヌラトゥム。インドおよびネパールで、アルボレウムに次いで地元の人々に利用されている木。

肺感染症など、気管支系の病気にこの木が利用されている。一方、ギーと混ぜれば、淋病やおりものに効くと言われている。この木の葉や花を混ぜたマッサージオイルは、産褥中の母親のさまざまな不調の治療に用いられる。[71]ネパールの人々は、この木の葉でお茶を作る。蒸した葉から出た蒸気を吸い込むと、風邪や喉の不調に効くという。[72]トルコでは、古くからR・ポンティクムの葉が利尿剤の成分として使われている。[73]

言うまでもなく、民間療法に頼るときは、とくに、毒があるとわかっている植物や成分を含むものを使う場合は、細心の注意が必要だ。有効成分の濃度を調節するのは難しい。そのため、悲惨な結果を招く場合がある。トルコの

市販のネパール産ツツジ茶

ポントス山脈周辺に住む人々は、マッドハニーの危険を知りつつも、この蜜が、胃炎などの消化器疾患、リウマチ、糖尿病、性欲の減退、潰瘍、高血圧の代替医療薬になるといまでも考えている。しかし現実には、蜜を飲んだ結果、病院に担ぎ込まれる人があとを絶たない。[74] ２００２年、トラブゾンでは、両親が8歳の男の子に、薬として生の蜂蜜を故意に与え、男の子が「マッドハニー病」になった。[75] 香港でも、祖母からR・シムシイの蜜を飲まされた生後まもない赤ちゃんが重篤になった。[76] 韓国でも、ツツジの成分が入った薬を飲んだあとで中毒を起こしたという症例が複数報告されている。[77] おかしなことに、これらの症状は多くの場合、ツツジより強力な致死性の毒を持つ、ナス科のベラドンナから採取されたアトロピンを使って治療される。

　おそらく、その化学的特性のために、もっとも広い地域で利用されているツツジは、北の湿原地帯から世界に広まったふたつの種、R・トメントスムとR・グロエンランディクム（*R. groenlandicum*）だろう。このふたつの種は、かつてはイソツツジ属という異なる属に分類されていたが、近年ツツジ属に仲間入りした（第2章参照）。どちらの品種も利尿剤として、また、呼吸器系疾患や、ハンセン病を含む皮膚疾患の治療薬として利用されている。[78] カナダの先住民は、日常的にR・グロエンランディクムの葉を煎じて飲んでいる。そのため、このお茶は「ラブラドル茶」と呼ばれるようになった。[79] アメリカ先住民は、この煎じ汁を、風邪、やけど、潰瘍、リウマチの治療に使っている。[80]

ヨーロッパで、R・トメントスムは、ワイルド・マーシュ・ローズマリー、もしくは、ワイルド・ボグ・ローズマリーと呼ばれることもある。ただし一般には、ワイルド・ボグ・ローズマリーは、近縁のヒメシャクナゲ（*Andromeda polifolia*）を指す場合のほうが多いようだ。R・トメントスムの葉のお茶は、かつて、喘息、心疾患、肺疾患、下痢、赤痢、マラリアの治療に用いられた。[81] エストニアでは、そのほかに、堕胎の誘発、馬の咳、豚の赤点病の治療にも用いられていたらしい。また、馬糞と混ぜて風呂に入れれば、リウマチの痛みが緩和されると言われていた。[82] 近年、R・トメントスムは、中国とロシアで咳薬として市販されている。放射線から体を保護する効果がある（少なくともネズミの場合）とも言われている。中国人は、薬物中毒からの回復を助ける、めざましい特性があると主張している。[83]

ロドデンドロン・トメントスムは、強力な揮発成分を含んでいるため、香りを嗅いだだけで酔っ払ったようになることがある。[84] エストニアでは、満開のR・トメントスムのなかで、休んだり、眠ったりしてはいけないと言われている。あるとき、ひとりの女性が森に木の実を摘みに行ったまま帰らなかった。心配した隣人たちが翌日捜しに行くと、女性は、R・トメントスムのなかで意識を失っていた。[85] その場から運び出されると、女性はすみやかに回復した。ただし、ほとんどの人は、この木を使って故意にハイになる。

ヨーロッパでは、いまから約4000年前にエールの醸造がはじまったらしい。当初は、スコットランドのヒースを使っていたが、1000年前頃にはグルートを使ったエールが一般的になった。グルートは、ハーブを混ぜ合わせたもので、通常は次の3つの植物を使う（ただしほかの種を使う場合もある）。セイヨウノコギリソウ（英名ヤロー、*Achillea millefolium*）、セイヨウヤチヤナギ（英名ボグ・マートル、またはスイート・ゲール、*Myrica gale*）、「イソツツジ属」（ロドデンドロン・トメントスム、もしくは、グロエンランディクム）だ。イソツツジ属は、ビールに心地よい苦みを与えるだけでなく、麻薬に似た作用もある。その効き目がもっとも強いのがR・トメントスムだ。イソツツジ属はツツジ属のなかでもとくに、覚醒作用が強く、多幸感をもたらすと言われている。トリップ体験が得られることもあり、性的欲望が高まるが（現代のビールと違って）行為そのものに支障をきたすことはない。[86] したがってその効果は、ホップを使った現代のビールとはかなり異なり、大麻を吸ったときの感覚に近い。

R・トメントスムを使ってビールを醸造するのはとても簡単だ。ツツジ115グラム、麦芽2・3キログラム、赤砂糖455グラム、水23リットル、イースト、以上を適当な発酵槽に入れれば、2週間でビールができる。最大の麻薬作用を得るには、花をつけた茎の若い先端部を使うとよい。

雑木の生えた湿原に群生するロドデンドロン・トメントスム。エストニア。

そこに有効成分がもっとも集中している。[87]飲み過ぎには気をつけよう。意識の混濁、頭痛、痙攣を起こす場合がある。酔っ払って暴れ出す人もいる。[88]ある著者は次のように助言している。

酔っ払いが、荒れて、具合が悪くなって、ゲーゲー吐くがいい、そう思う人間が「自家製ビールに」イソツツジを入れた。これはお勧めできない。頭から理性を奪うからだ。倒れて吐く人間もいる。誰もが飲めるわけではない。[89]

R・トメントスムは、スカンジナビア半島、バルト海沿岸諸国、およびドイツの一部地域に生い茂っていた。沼がたくさんある場所では、いまでもよ

グルート用ハーブ3種。ロドデンドロン・トメントスム（左）、ボグ・マートル（ミリカ・ガレ、右上）、ヤロー（アキレア・ミレフォリウム、右下）

く見かける。トメントスムは、現在イギリスには生えていないが、アメリカ原産のR・グロエンランディクムは、スターリングの沼地に数百年前から生育している。[90] おそらくビールの原料として人為的に移植されたのだろう。前述した、多数の医学的特性や虫除け効果のために移植された可能性もある。

ヨーロッパにおけるプロテスタントの台頭が、グルート・エールの衰退を招いたらしい。プロテスタントは、グルート・エールを飲んだ人たちがはじめる浮かれ騒ぎ全般が気に入らなかったようだが、ほんとうに我慢がならなかったのは、カトリック教会がグルート・エールを売って金儲けをしていたことだろう。[91] そのため、グルート・エールは禁酒運動で真っ先にやり玉に挙げられ、代わりにホップを使ったビールが推奨された。実際、ドイツでは1855年までに、ビールの醸造にR・トメントスムを使うことが禁止された。[92] おそらく、政府のお偉方には、ホップを使ったビールを飲んで、乱暴にはなるがすぐに眠ってしまう人々のほうが、麻薬作用のあるグルート・ビールを飲んで、無気力になって白昼夢ばかり見ていたくなる人より好ましかったのだろう。1750年には、ホップを使ったビールが主流になっていたが、グルート・エールは地下に潜伏して、教会や国家の目が行き届かない場所で、ずる賢い自家醸造家たちによって20世紀半ばまで作り続けられた。[93]

第7章　ホトトギスの涙

低い壁に囲まれた土地を彼は指さした……その場所を見下ろすように並び立つ2本のイチョウの大木とツツジの茂みは、侵略計画を話し合っているかのように見えた。
――ジャスパー・フォード、『シェイズ・オブ・グレイ *Shades of Grey*』（２００９年）

中国南西部に住むイ族の人々は花の神を信仰している。百里の岩肌に刻まれた花の神のシンボルは、いわば植物版ハリウッドサインだ。イ族の人々にとって、血のように赤いR・デラバイの花は、若い男性が愛の証として捧げる幸福と幸運の象徴だ。イ族の人々は、毎年、盛大な祭りを開き、伝統舞踊を披露してツツジを祝福する。中国のこの地域では、実際の木が山の土壌にしっかり根を下ろしているように、ツツジは文化に深く浸透している。

人類の物語には、悲劇、結ばれぬ男女、彼らと自然の結びつきなど、あらゆる文化に共通するいくつかのテーマがある。有名な中国の童謡にこんな歌がある。若い娘が丘にひとり腰を下ろし、悲しげなまなざしでアザレアを見つめている。去年のいまごろは恋人とふたりこの花に見とれたものだった。あの人は戦争に行ってしまった……。[1]

中国貴州省百里杜鵑自然保護区の断崖に刻まれたイ族の花の神のシンボル。

血、ツツジ、ホトトギスは、中国の民間伝承の重要なモチーフだ。9世紀の漢詩に、ホトトギスが鳴けば、ツツジの花が散るというものがある。[2] 民間伝承には、人の魂が鳥に姿を変え、鳥は嘆き悲しみながら鳴くうちに、口や目から血を流し、その血がこぼれた場所から赤いツツジの花が芽を出すというパターンが数多く登場する。ほとんどの伝承に登場するのは、この地方でよく見かける赤いツツジ、R・デラバイのようだ。鳥がよくこの花を訪れるのも、伝承をもっともらしくしている。結婚してまもなく、夫を戦《いくさ》に取られた妻が、眠れぬ夜、ひとりむなしく夫の帰りを待ち続けるうちにやつれ果て、ホトトギスに姿を変えた。ホトトギスが流す血の滲む涙がしたたり落ちた場所から赤いアザレアの花が咲いた、そんな昔話もある。[3]

百里に住むイ族にはこんな伝説がある。ふたりの姉妹が過労で若くして亡くなった。しかし

ツツジ娘の像。中国貴州省百里杜鵑自然保護区。

ふたりはツツジをたいそう愛していたので、魂はこの土地を離れようとしなかった。ふたりの魂はホトトギスに姿を変えた。しかし、毎日血を吐くまで鳴き続けて疲れ果て、またしても死んでしまった。ふたりの魂は、今度はホトトギスによく似た形の岩に姿を変えた。それ以来ずっとこの岩は百里の町を守っている。また別の百里の伝説によれば、激しい嵐のせいで、ホトトギスの夫婦が離れればなれになってしまった。オスは姿の見えなくなったメスを探し続け、呼び続けたが返事はなかった。ついにオスは悲しみ疲れ果てて、ツツジの茂みに落ちて死んでしまった。その血はツツジを鮮やかな赤に染めた。[4]

毎年、2月8日、イ族の人々は馬銀花《マーインファ》（R・デラバイのイ族の呼び名）のお祭りをする。色とりどりの衣装を身にまとい、焚き火を囲んで歌を歌い、家の扉や家畜の角を、ツツジの花の花綵《はなづな》で飾る。毎年、祭りでは、馬伊琍という、若く美しい娘が犠牲になった話が繰り返される。伝説によると、馬伊琍は、若い娘を食い物にする、性根の腐った役人にむりやり手籠にされる。娘は白いツツジの花を髪に挿して、役人に会いに行き、ふたりが飲む酒に花の毒を盛る。そして、自分を苦しめた男が死ぬのを見届けてから息絶える。その後、恋人の趙烈若は、馬伊琍の亡骸を担いで嘆き悲しみながら山中を歩く。悲しみのあまり涙は血になり、その血が白いツツジの花を鮮やかな赤に染めた。その花は、馬伊琍を思い出して、いまも同じ色の花を咲かせる。[5] じつはデラバイの花に毒はほとんどないのだが、シムシイのように有毒な種もあるので、このような伝説が生まれたのだろう。雲南省に住むヌー族という少数民族も、ツツジにまつわる祭りを行なう。ヌー族の祭りでは、縄の橋を設計したあと、近所に住む族長にしつこく言い寄られて死んでしまった阿冗《アーロン》という女性を供養する。[6]

こんな話もある。劉虎という農民は葦笛を奏でるのが上手で、美しい笛の音色で鳥たちと心を通わせていた。劉虎は、映山紅（アザレアという意味）という少女と恋に落ちた。娘の歌声はとても美しく、その歌声が響くと野山ではつぼみが花開いた。ところが、映山紅は、王のもとに連れて行かれ、妾になるように強要された。娘は、妾になるくらいなら死んだほうがましだと言って、食を断ち、あらゆる命令を拒絶した。劉虎は、娘を救うために長い道のりを歩いてやっと王宮にたどり着いたが、なかには入れなかった。そこで、王宮の外で葦笛を吹き、その調べに合わせて娘は歌った。ついに絶望のあまり劉虎は鳥に、映山紅は赤いアザレアに姿を変えた。恋人のもとにやっとたどり着くことができた劉虎は、くちばしにアザレアをくわえて飛び去った。恋人たちを称えて、のちに鶴林禅院が建立された。その周辺に生育しているアザレアのなかでもめだって美しい花は、映

中国貴州省百里杜鵑自然保護区のカルスト台地を見下ろすロドデンドロン・デラバイ。

山紅が姿を変えた花の子孫で、同じ場所で葦笛のような鳴き声を響かせている鳥は、劉虎が姿を変えた鳥の子孫と言われている。[7]

みなしごの姉妹にまつわる物語も同様に涙を誘う。ふたりの姉妹は、よこしまな地主にひとりずつさらわれるが、逃れようとして身を投げて死ぬ。ひとりはホトトギスになる。その鳴き声は、人々に姉妹の悲劇を思い出させる。そしてホトトギスのくちばしから流れた血がこぼれた地面からツツジが芽を出した。[8]

最後に紹介した3つの物語に登場する好色な悪党たちは、あまりにも生々しくて、西洋の民間伝承よりもよっぽど現代のどぎついテレビドラマに似つかわしい。西洋のおとぎ話では、怪物は異世界の生き物なので子供たちは安心していられる。しかし中国の物語は、ほんとうにおそろしい怪物はいつだって人間なのだとはっきり教える。

百里にて、イ族によるツツジ祭り。ツツジのなかでも、とくにR・デラバイとその交配種をお祝いする。

民間伝承に見られる、ホトトギス（ホトトギス目ホトトギス科の鳥）とツツジの結びつきは、その中国名からもあきらかだ。中国語でホトトギスは「杜鵑《とけん》」、ツツジは「杜鵑花《とけんか》」という。どちらの名前も、紀元前3世紀頃、四川省成都市付近［当時は蜀といった］を治めていた善良で慈悲深い杜宇《とう》という王に由来するようだ。当時この地域では悲惨な洪水が相次いで起き、杜宇の臣民たちをひどく苦しめた。鱉霊《へつれい》という有能な宰相が山を切り拓き運河を建設したおかげで水害はおさまった。自分が救えなかった民を思い、苦しんだ杜宇は鱉霊に王位を譲り、国を離れて山中に隠遁した。しかし、自分の国と民を恋い焦がれる気持ちは日増しに募り、ついに病を得て亡くなった。[9]

伝承によっては、杜宇は鱉霊の妻と密通し、そのことを恥じて亡くなったという説もあれば、国中を歩き回って出会うすべての人に、種まきの時期を厳守するよう熱心に教え諭したため疲れ果て

鳥によるロドデンドロン・デラバイの受粉。中国。

て亡くなったという説もある。[10] ほかに、ある霊が王と民を洪水から救い、杜鵑（すなわち杜宇）は死ぬまで王位に留まったという説もある。[11] しかしどの説にも共通するのは、王の死後その魂が杜鵑に乗り移り（そのためこの鳥は杜鵑と呼ばれる）、杜鵑が鳴くたびに口から血が流れ、その血が落ちた場所からツツジの花が咲いた、あるいはその血がツツジの花を赤く染めたということだ。この鳥の悲しげな鳴き声は、王の魂の声と言われている。物語によっても異なるが、杜鵑は、「家に帰れ」もしくは「種を播け」と鳴いているのだそうだ。[12]

物語のなかで、杜宇が鱉霊を推挙して禅譲した部分は史実と考えられているが、杜宇と鱉霊はそれぞれの王朝を象徴しているのだろう。とくに鱉霊は、禅譲される前に国を復興させたと考えられている。[13] 石君宝［1191～1279年］の『魯大夫秋胡戯妻』という戯曲には、登場人物たちが

中国の路傍に咲くロドデンドロン・シムシイ。

杜宇の物語の話をする場面がある。そこでは、ホトトギスが不実な夫を早く家に帰るようにいさめる。[14]

兄弟が登場する民間伝承もある。意地悪い母親が、血の繋がらない兄息子をいびり倒す一方、実の息子であるその弟を猫かわいがりしていた。すると弟は、母親のふるまいに愛想を尽かして家を飛び出してしまった。兄は弟を捜し回ったが、見つけることができなかった。神々が、弟を見つけられるように兄をホトトギスに変えたが、やはり弟は見つからなかった。兄は弟の名を呼び続け、ついに涙は血に変わり、その血がこぼれ落ちた場所からツツジが芽を出した。[15]

さらに悲しい話がある。力の強い杜大が、誤ってわが子を死なせてしまい、死罪を宣告された。心の優しい弟の杜二は、杜大の力がなければ、家族は飢え死にしてしまうだろうと思って、兄の代わりに牢屋に入った。杜二は判決のとおりに処刑され、彼の魂はホトトギスになり、血の滲む涙が落ちた場所から赤いツツジの花が咲いた。ところが杜大は、罪悪感と恐怖心に苛まれて、老親を置き去りにして逃げ出した。彼は丘で息絶え、その場所から黄色い花の鬧羊花《どうようか》（*R. molle*〔和名トウレンゲツツジ〕）が芽を出した。この花を食べたヤギは頭がおかしくなる。[16] この種に猛毒があるのは杜大の怯弱《きょうじゃく》のせいと言われている。この物語から生まれた童謡がいくつかある。

中国南東部にもよく似た物語がある。杜鵑という若者が、死刑を宣告され牢屋に入れられた友人の解宝に、最後の自由を味わわせてやろうと、午後のあいだだけ身代わりになることを申し出た。ところが、解宝はそのまま逃げ出し、あとに残された杜鵑は処刑された。杜二のように、杜鵑の魂も鳥になり、自分を裏切った解宝の行方を捜した。彼が吐いた血から真っ赤なアザレアの花が咲いた。[17]

血が花を赤く染めるというテーマは、地球の裏側の比較的あたらしい民間伝承にも登場する。これも全世界に共通のテーマなのかもしれない。1637年、アメリカ先住民のピークォット族は、コネティカット州東部のカッパコモック〔ピークォット族の要塞の名前〕で、植民者の軍勢に虐殺された。ピークォット族の族長、プッタクアポックは息を引き取る間際に、ここに咲いているツツジの黄金の心は、「永遠の非難のしるしとして血に代わるだろう」と宣言したそうだ。[18] ピークォット族の人々はいまもフォックスウッズ・カジノ周辺で、ツツジを中心にした植栽やステンドグラスの工芸品で歴史を後世に伝えようとしている。[19]

ネパールの民間伝承では、ロドデンドロン・アルボレウムは女性で、すっくとそびえ立つ力強いハンノキに憧れて結婚を申し込む。ところがハンノキは、ツツジのいびつな枝や、折れ曲がった幹をあざ笑い、自分に結婚を申し込むとは、醜い上に身の程知らずだと言って拒絶する。ツツジはめげずに自分のやるべきことをやり、まもなくみごとな花が一斉に咲き誇る。これを見たハンノキは後悔して、これまでの無礼を許して結婚してくれないかと頼む。しかしツツジは、あなたの本性はもうわかったと言って申し出を断る。恋煩《わずら》いに陥ったハンノキは、絶望して険しい峡谷に身を投げた。というわけで、いまでもネパールでは、切り立った崖に挟まれた峡谷でハンノキを見かけることがある[20]。

西洋文学では、ツツジはたいてい舞台の隅のほうに隠れていて、不吉なよそ者という役割を演じている。もっとも有名なのは、ダフネ・デュ・モーリアの古典的名作『レベッカ』（茅野美ど里訳新潮文庫）に登場するツツジだろう。作品の冒頭、名なしの語り手は夢のなかで、廃墟と化したマンダレーを訪れる。マンダレー、それは夫の前妻レベッカの思い出に取り憑かれた屋敷、そのために語り手が一度も喜びを感じることのできなかった場所だ。夢のなかで、かつては手入れの行き届いていた庭園は荒れ果て、ツツジは「15メートルの高さまでそびえ、よじれた枝にはシダが絡みつき、名もない無数の灌木と異種どうし交じり合っていた[21]」。

作品全体を読むと、赤いツツジは、レベッカとの逃れようのない因縁の象徴であることがわかる。マンダレーにはじめて到着した語り手は、新婚まもない夫から、「血のように赤い」ツツジは気に入ったかい？　と尋ねられる。語り手は「ええ」と答えるものの、一瞬はっと息をのんだ。ほんとうにそう思っているのかどうか、確信が持てなかった。なぜなら私にとってツツジとは、人間に手なずけられた家庭的な植物というイメージがあったからだ。どうしようもなく平凡で、色は薄い紫かピンク、整った丸い花壇に並んでいる、それが私の考えるツツジだった。ここのツツジは、空に向かってそそり立つ怪物で、一個大隊のように密集していた。あまりにも美しく、あまりにも力強くて、まるで植物には見えなかった。[22]

一般的なツツジとマンダレーのツツジに関する語り手の認識は、語り手の自己イメージと、このあとレベッカに対して抱くようになるイメージをそのまま反映している。興味深いことに、レベッカの影響はこのときはまだほとんど表面化していない。そのため、先に挙げた一節は、他人に影響を受けやすい語り手の性格のなかに、この先に訪れる災厄をはからずも招き寄せてしまう原因があることを暗示しているのだろう。

小説では、家の外側に潜んでいるツツジを形容する「血のような赤」や「密集した」という表現が繰り返される。ある部屋で、語り手は、ツツジが「窓の外の小さな芝生に自分たちの小さな劇場を作るだけでは飽き足らず」、この部屋はほかの誰のものでもない、レベッカの幽霊のものだと主張するかのように、「部屋にまで入り込むことを許されている」ことに気づく。[23]

少なくとも最初は、ほかの色のツツジは異なる役割を担っている。たとえば「幸せの谷」には、アザレアとツツジが一面に咲いていた。私道にそびえ立つ巨木のような血の色ではなく、サーモンピンクや白や金色の花だった。美しくて優美で、柔らかい夏の雨を浴びて、愛らしい繊細な頭をしおしおと垂れていた。[24]

ところが、レベッカは少しずつ、こうした花も自分のものだと主張しはじめる。レベッカの香水は、白いアザレアの香りに喩えられる。その後、かつての女主人の繻子《しゅす》のナイトガウンに指をすべらせていた語り手は、まさにそのアザレアの香りに遭遇する。そして夫から「幸せの谷」にアザレアを植えたのは、レベッカの「いまいましい美的センス」のせいだと明かされる。[25] 夫妻が、マンダレーでもっと長く生活するチャンスがあったなら、ツツジやアザレアが、その後もマンダレーで咲き誇っていたとは思えない。

「アザレア」は、文学作品だけでなく音楽のタイトルにも登場する機会が「ツツジ［英語ではロドデンドロン］」よりずっと多い。おそらく、アザレアという言葉の響きのせいだろう。イギー・アゼリア（アザレア）は、女性ポップスターの名前として申し分ないが、「イギー・ロドデンドロン」はどうだろう。ビング・クロスビーの歌に「白いアザレアが咲く頃」という曲がある。一方、ハードロック・バンド「ヨーロッパ」のリーダー、ジョーイ・テンペストは、アルバム『ザ・ファイナル・カウントダウン』を全世界にリリースしただけでは飽き足らず、『アゼリア・プレイス』というソロ・アルバムも発表した。一方「ツツジ（ロドデンドロン）」は、「ブロック・パーティ」というイギリスのロックバンドの、無名の（とはいえなかなか面白い）歌のタイトルでしかお目にかかっ

血のように赤い花を咲かせているツツジの巨木。『レベッカ』に登場する木はこんな木だったのだろう。カーヘイズではなくヘリガンで栽培されている木。

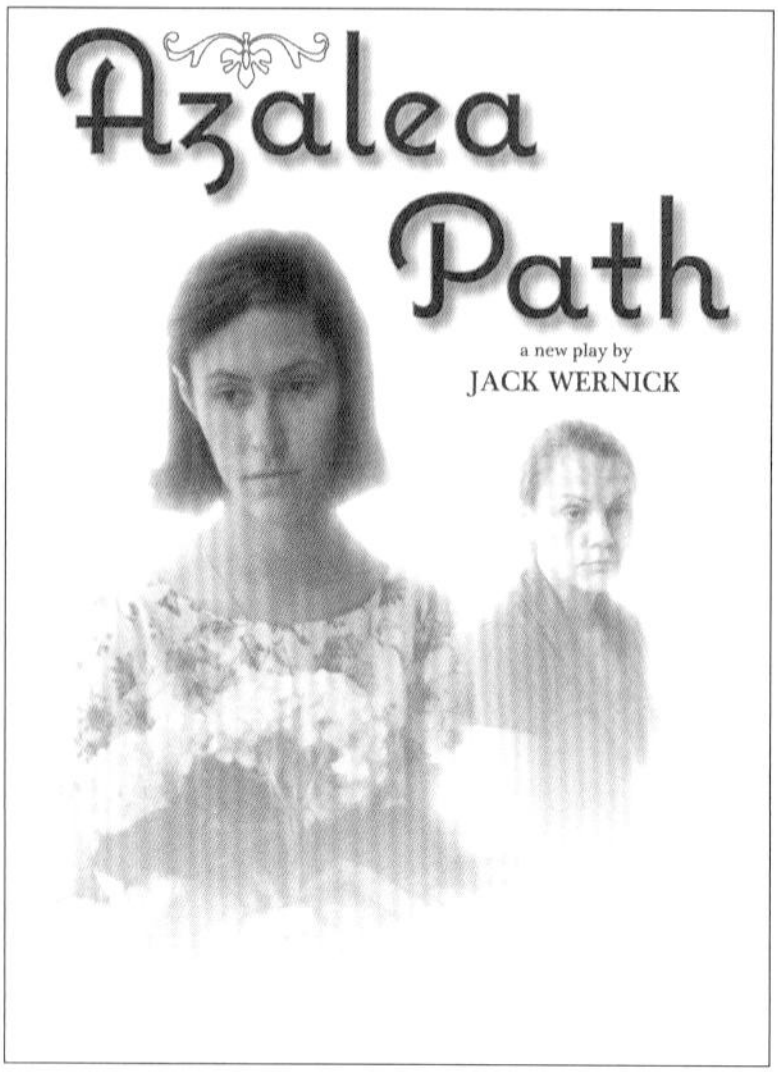

シルヴィア・プラスを主人公にした『アザレアの小道』の広告ポスター。ジャック・ウェルニック脚本、演出。

たことがない。世間の期待から身を隠すために、僕は夜になると酔っ払ってツツジの茂みのなかで寝る、という歌だ。

「アザレア」がタイトルに入っている本は何冊かある。クレイトン・セシルの『アザレア *Azalea*』（１８７６年）のように、主人公の名前がアザレアで、そのままタイトルになっている場合が多い。一方、『ツツジ男 *The Rhododendron Man*』（１９３０年）は、タイソン・オーブリーの探偵小説に登場する殺人者の偽名だ。フランシス・ニュージェントの『アザレアの庭 *The Azalea Garden*』（２０１２年）は、13歳のふたりの少女が最初に友達になる場所のことで、ふたりは年老いてから再会し、不幸な人生からいくばくかの喜びを取り戻そうとする。マージェリー・シャープの『ツツジ・パイ *Rhododendron Pie*』（１９３０年）は、因習を尊び簡素な生活を望む気位の高い家族に反抗するひとりの女性の物語だ。

シルヴィア・プラス［１９３２〜63年。アメリカの詩人、小説家」の「アザリア小道のエレクトラ」という詩も、植物ではなく場所、具体的にはプラスの父親のオットーが葬られている墓地についての詩だ。[26] 父親を亡くしたとき、プラスはわずか8歳だったが、すでに彼女のなかには父親に向けられた本能的な怒りが蓄積し、それが、父への思慕と、その束縛から自由になれない無力感と交じり合っていた。その思いの丈が吐き出されたのが、1962年に発表された詩、「ダディ」だ。[27] プラスの父親はナチスを公然と支持していたため、FBIに目を付けられていたが、FBIがあきらかにできたのは、彼がかなり不快な人物だということだけだった。[28]

プラスが、アザレアの小道にある父親の墓を訪れたのは、その死から19年後のことだった。このときの体験から生まれた詩が「アゼリア小道のエレクトラ」だ。「アゼリア小道」という名前は意表を突いている。墓地の小道の名前で詩のタイトルにもなっているアザレアは、本物の花ではなく、プラスチックなのだから。「土を割って咲き出る花ではなく」、造花のサルビアは「作り物の花弁」から「赤い滴」をしたたらせている。[29] 造花への言及は、ギリシア神話のエレクトラを連想させる父親への複雑な思いを茶化そうとする狙いからだろう［エレクトラ・コンプレックスは、娘が同性である母親を憎み、父親を思慕する無意識の心的傾向のこと］。近年発表された「アザレアの小道」という戯曲では、幽霊になったシルヴィア・プラスが父親の墓を再訪し、家族と、自分の創作の遺産に対峙する。[30]

ティム・ボウリング［1964〜。カナダの詩人、作家］の「ツツジ」という詩の舞台も墓地だ。『エレクトラ *Electra*』のように、死についての瞑想だが、瞑想の対象になるのは人間の死だけでなく、あらゆるものが——幼年時代さえも——死ななければならないと言っているかのようだ。

> 幼年時代にも墓がある。僕の幼年時代は
> 今年もまた母の庭で花を咲かせる紫の
> ツツジの隣に葬られている。[31]

「アゼリア小道のエレクトラ」のように、アンチー・ミン［1957〜。中国系アメリカ人作家］の『レッドアザレア』（1993年）（木原悦子訳　集英社）に登場する若い女性も、厳格な政治的信念を持つ遠い世界の男性に支配されている。その男性とは毛沢東国家主席だ。この作品は、主人公である若い女性の目を通して、毛沢東が支配する中国の爛熟期を描いている。さまざまな感情が錯綜する物語のなかで、主人公の女性は、毛沢東夫人江青《こうせい》が書いたプロパガンダ小説を原作とする映画『レッドアザレア』に出演して、退屈な重労働と絶望しかない日常から逃げ出さないかと言われる。この小説では、赤いアザレアは共産主義の象徴だ。ケネス・オアの回想録、『アザレアの歌 *Song of the Azalea*』のタイトルも同様だ。この作品には、20世紀中頃の中国と香港で過ごした著者の青年時代が綴られている。

ウィー・キアットの『アザレアは夢見る、竹は生きる *Azalea Dreams, Bamboo Lives*』（2013年）でも、アザレアの花は中国を象徴しているが、もっと希望を感じさせる。小説の冒頭で、キアットは、マレー半島にある中国人移民の墓地では、埋葬されている移民が全員自分の出生地を墓碑に刻

んでいることを知り感動した経験を綴っている。小説のタイトルのアザレアは、キアットの登場人物たちが、祖国の中国で温めていた、希望に満ちた計画の象徴だ。しかし、国外であらたな生活を切り拓こうとする彼らを現実の「竹」が阻む。[32]

ツツジの茂み、とくにイギリスのいたるところに生い茂っているR・ポンティクムは、子供たちに天然の隠れ場所を提供している。それは、アーサー・マーシャルが編纂したパブリックスクールの作文集『ツツジの茂みのなかでめそめそ泣く *Whimpering in the Rhododendrons*』（1982年）という表題からもあきらかだ。ツツジの茂みから子供たちを引っ張り出そうとする大人は誰でも泥だらけになるか、失敗するのがおちだ。ツツジの密集した茂みは最高のアスレチックだ。子供たちは嬉々としてよじ登ることができるが、見ている親をはらはらさせるほど高い木はめったにない。あらゆる方角に伸びたたくさんの枝は、子供たちがわくわくしながら探検する空中回廊になる。木に登った子供は、厚く重なる葉や枝の上にはたして立てるかどうか確かめることができる。できないときは、助けを呼べばいい。足下には曲がりくねった秘密のトンネルがある。ゆっくりと朽ちていく葉と、ぱっと舞い上がる花ふぶきの絨毯の上を、子供たちは駆け回ることもできるし、四つん這いで這い回ることもできる。おままごとをするのもいいだろう。マーガレット・トムソン・デーヴィスの『光と影 *Light & Dark*』（2000年）には、ツツジの茂みのなかで、お気に入りの従僕と隠れん坊をして遊んでいた少女が、やがて、ふたりでツツジを利用してひと目を偲び家に戻る様子が描かれている。

ヤバ・バドエの『ほんとうの殺人 *True Murder*』（2009年）では、探検に出かけた小学生の女

ロドデンドロン・ポンティクムの年季の入った雑木林を貫通する「トンネル」。子供たちがここでよく遊んでいる。リッチモンド・パーク、スパンカーズ・ヒル・ウッドにて。

の子が秘密の場所を見つける。

この秘密の場所は、ふたつの「ツツジの」茂みに挟まれた、子宮のようなシェルターだった。花をつけた蔓状の枝が絡み合って頭上を覆っていた。干からびかけたツツジの花びらが、お開きになったパーティの床に落ちているしなびた風船のように、地面に散らばっていた。[33]

ほかの子供たちは、ツツジが植えられているこの場所を「トランポリンの町」と呼んでいる。つまりここは、もっと活発な遊びの舞台でもあるのだろう。とはいえ語り手は、ツツジの茂みのなかで、殺人ごっこに強制的に参加させられ、それがおそろしい事件につながる。『ブラッドウォーター・

ミステリー・シリーズ――ドッペルゲンガー編 *The Bloodwater Mysteries: Doppelganger*』では、ツツジの茂みにスケートボードで思い切り突っ込んだ少年が、軽い怪我を負う。ツツジを告訴するかと警官に尋ねられた少年は、「あのぉ、ツツジが悪いんじゃないんです」と答える。[34]

ツツジは、殺人ミステリーの常連だ。『メニューに載った殺人 *Murder on the Menu*』にはこんな一節がある。

青々と茂るツツジの木立がなければ、人を殺しても意味はない。ツツジについて奥さまと揉めるのでなければ、庭師を雇っても意味はない。ツツジを含め全員をきちんと整えておけ。[35]

ツツジは、デビュー作の『薔薇の殺意』(1964年)(深町真理子訳　角川文庫)を含め、ルース・レンデルの作品の少なくとも8つの作品の背景に潜んでいる。『レベッカ』のように、ツツジの花は花瓶のなかで「密集している」。ローゼラ・ラインの『車椅子の殺人 *Murder by Wheelchair*』という軽妙な作品では、ツツジがまさに犯行現場となる。

ディック、残念ながら悪い知らせだ。2階に住む南部出身のウィルソン夫人というご婦人が亡くなった。夫人の車椅子が、ツツジの茂みのまんなかに突っ込んでいるのをたったいま見た。夫人の頭は、高いところから落ちた西瓜のようにぱっくり割れていた。[36]

イギリス製の綿プリント。1845～65年、ハインドリーズ製。異なる2色のツツジの絵柄。

2011年、ITVがテレビドラマ化したアガサ・クリスティ［1890～1976年］の『ゴルフ場殺人事件』では、ヘイスティングス大尉が打ったゴルフボールがコースから逸れて、ラフの向こうで花を咲かせているR・ポンティクムの茂みに突っ込み、大尉が最初の遺体を発見するというシーンがあった。2012年に放映された『オックスフォードミステリー ルイス警部』の「天才の神髄」というエピソードでは、使命感に燃える自然保護活動家たちが、侵略的外来種R・ポンティクムを掘り起こそうとして地中に埋められていた遺体を発見する。ただし画面に映った植物は、あきらかにR・ポンティクムではない。ポンティクムを空き地に植えるのは違法なので、製作チームは別の種を使わなければならなかったのだろう。[37]

現実の殺人事件の犠牲者のなかにも、ツツジの藪で、変わり果てた姿で発見された気の毒な女性がいる。1946年、ドリーン・マーシャルは、ネヴィル・ヒースの毒牙にかかった2番目の犠牲者だった。ネヴィル・ヒースは甘いマスクの優男で、サディスティックな性的嗜好が異常に強かった。しかし魅力的なうわべも裁判官には効力がなく、その年のあいだに絞首刑になった。[38] 1990年代、ツツジの専門家のデーヴィッド・チェンバレンは、殺人事件の鑑定人として呼び出された。あらたに開発された科学捜査技術によって、ツツジの個体の花粉を識別できるようになったため、第一容疑者が、公園で被害者の遺体が発見された場所から数メートル以内にいたことを特定できるのではないかと警察は期待していた。現場に到着したチェンバレン博士は、問題の植物は、ツツジではなくセイヨウバクチノキだと言って警官たちをがっかりさせた。[39]

『夏の日の殺人 *Murder on a Summer's Day*』や、『ロスト・ソウルズ *Lost Souls*』のように、ツツジの毒が殺人に利用された小説もある。[40] ガイ・リッチー監督、ロバート・ダウニー・ジュニア主演の映画『シャーロック・ホームズ』では、登場人物のひとりが「R・ポンティクムの蜜から精製した毒」を使って、「全身が麻痺して死んだように見せかける」トリックを使った。ホームズは、この効果を「マッドハニー病」と呼び、犬を使ってその効果を実証する（犬は「ずっと深刻な症状」を示す）。ツツジの毒に実際に血圧を下げる効果があることを考えると、動物の体が一部麻痺してしまう可能性はありそうだが、グラヤノトキシンで中毒を起こした人間が、全身が麻痺した、あるいは脈が止まりそうになったという例はこれまで報告されたことがないので（第6章参照）、「精製された」蜜がこうした作用をもたらすとは考えにくい。

スコットランド、インバラレイの近くに自生するロドデンドロン・ポンティクムの茂み。ジャスパー・フォードの『シェイズ・オブ・グレイ』のツツジのように、侵略計画を話し合っているように見えなくもない。

はるか未来の人類を描いた2冊の本にもツツジが登場する。H・G・ウェルズ［1866〜1946年］が、1895年に『タイム・マシン』を執筆したとき、R・ポンティクムは、まだ人間の制御範囲内にあった。そのため、物語の語り手がはるか未来の世界にはじめて到着したとき、彼がいた場所は、背の低いツツジに囲まれた手入れの行き届いた庭で、ツツジは、あらゆる自然と同様、人間に完全に手なずけられていた。

それから1世紀以上を経て執筆されたジャスパー・フォードの『シェイズ・オブ・グレイ』に描かれているのは、数も生息域も大幅に減り、恣意的に序列を定められた奇妙な人間社会だ。人類がしがみついている町は、辺鄙な土地に囲まれている。そこには命取りになる危険が潜んでいて、侵略的外来種のツツジがはびこっている。ツツジの種はあきらかにされていないが、この手のことに詳しい人には、R・ポンティクムだとすぐにぴんとくる（そうでない人には、どうでもいい情報だ）。フォードは、ウェルズと違って、20世紀にポンティクムがイギリスの辺境に進出していく様子を見ていたので、単純にこのような未来図が浮かんだのだろう。

おかしなことに、R・ポンティクムは、『シェイズ・オブ・グレイ』に登場するほかの多くの架空の生物に比べればずっとおとなしい。この小説には、飛び跳ねるヤギ、殺人白鳥、地上性ナマケモノ、食人植物ヤテベオが登場する。ツツジは、こんにちの侵略的外来種から、依然として不気味ではあるが、比較的親しみのもてる存在になっている。これらは過去とのつながりのひとつであり、かつて存在した世界の凋落と人類の後退を象徴している。この本にはたくさんの魅力がある。読者は、そこに描写されているじつに奇妙な人間社会だけでなく、現在私たちが暮らしている世界、きわめて高度に発達した世界、そして最後に内部から破滅する世界、それぞれの残骸を見ることができる。そしてどの世界も、辺境からR・ポンティクムを根絶することはできなかったらしい。

東洋では、人類が現われる前からツツジが自生していた。そのため、東洋の民間伝承がツツジの起源を取り上げるのはもっともなことであり、ツツジとその土地の強い結びつきを表している。西洋の物語では、ツツジは、ときおり巻き込まれることはあっても、あくまでも人間の営みの傍観者である場合が多い。それでも、西洋の物語のなかで、ツツジのすべての顔は暴露されている。美女にして殺人者、手入れの行き届いた愛玩物にして見境のない侵略者。東洋の物語と違って、西洋では、ウェルズやフォードが想像した奇妙な未来のなかでさえ、ツツジは物語の背景に留まっている。

第8章 一族の鼻つまみ者——ロドデンドロン・ポンティクムの物語

ポンティック・ロドデンドロンはきわめて美しい木ではあるが、ときおりしっかりと抑えつける必要がある。

——ウィリアム・ビーン、『イギリス諸島の耐寒性樹木と灌木』（1916年）

2014年6月、アイルランド南部ティペラリ県の山岳救助隊は救難要請を受けた。電話をかけてきたふたりは、先にノックミールダウン山脈に登り、その後近道して東の方角にある風光明媚なベイ湖を目指した。地図によれば、あいだに崖や通行不能な障害物はないはずだった。ところが、湖に向かって山を下りはじめると、ロドデンドロン・ポンティクムという植物が現われ出した。最初は、1、2本だけだったが、やがてぎっしりと密集したかたまりになり、頭上に覆い被さるほどの高さになった。ふたり組は木と格闘し、足を滑らせ、ひらりと身をかわし、転がりながら、低い枝をかきわけて進んだ。斜面の傾斜はどんどん急になっていったが、あまりにも疲れて、引き返すために坂をよじ登ることもできず、ひたすら進み続けた。しかしついに疲労が限界に達して、進むのを止め、助けを求めることにした。彼らはみずから罠のなかに歩いて行ったのだった。

このR・ポンティクムの茂みは、少なくとも直径が350メートルあり、グーグルアースで見ることができる[1]（つまり宇宙からも見える）。レイ・ブラッドフィールド率いる救助隊は、ベイ湖に到着したはいいが、周囲のツツジを全力で揺すってくださいと電話で伝えるほか、身動きが取れなくなったハイカーたちの居場所を知る方法はなかった。わざわざと揺れる木が茂みの中央に見えた。そこで救助隊は、茂みを斧で切り払いながら進んだが、100メートルあたり進むだけで30分かかった。そして定期的に立ち止まって木を揺すり、自分たちのいる場所を見張りに知らせて、進むべき方角を教えてもらわなければならなかった。ついに救助隊はハイカーたちを発見し、ふたりに手を貸して湖まで山を下った。そちらのほうがずっと藪の出口に近かったからだ。山を下りたハイカーたちは、ケア川救助隊の船に乗って安全な場所まで運ばれた。[2]

ツツジ属のなかで、唯一ロドデンドロン・ポンティクムだけが、田園地帯に侵略軍を送り込む能力を備えている。イギリスでは、かなり昔にR・グロエンランディクムがスターリング州の沼沢地帯に帰化した。また、黄色い花を咲かせるアザレアR・ルテウムも少人数で庭から逃亡することはある。とはいえ、植栽を禁止する侵略的外来種のリストにこれらの種を加えるのは大げさすぎるように思える。[3]

一方、R・ポンティクムは、イギリスおよびアイルランドの各地で巨大な群生を形成している。フランス、ベルギー、ノルウェー、ニュージーランドでも、野生化したポンティクムを見かけることはあるが、規模の点では比べものにならない。[4] R・ポンティクムは酸性の土壌であればどこにで

ロドデンドロン・ポンティクムの藪から抜け出せなくなったふたりのハイカーが、ついに救出されたところ。アイルランド南東山岳救助協会提供。

も適応できるが、とりわけ降水量の多い場所を好む。よって、イギリス諸島全般、とくに西側の地域を好む。キラーニー［アイルランド南西部の町］をはじめとするアイルランド西部、ウェールズ北西部のスノードニア、スコットランド西部の一部地域に巨大な個体群がある。[5] 野放しにしておくと、しまいには通り抜けできなくなるほど藪が生い茂り、ほかの植物にまるで日があたらなくなる。そのため、ときおり山を訪れるハイカーだけでなく、多くの動物にも害になる。[6] 種子がとくに根を伸ばしやすいのは、土壌が定期的に掘り返される場所で、そのため松造林地にやすやすと侵入して林の所有者に多額の出費を強いる。[7]

野放図に前進するイメージのあるR・ポンティクムだが、実際に拡大する速度は比較的ゆるやかで、最初は、移植された個体の周りに小さくまばらな個体群が形成される。スコットランド西部を車で走れば、その様子がよくわかる。30分ほど、

ロドデンドロン・ルテウム。イギリスで、庭園から逃げ出した非常に珍しい例。ルテウムは、実際に逃げ出す場合でも、ガイロック近郊のこの場所のように、はるかに数の多いポンティクムにくっついていることが多い。

ポンティクムはただの1本も見当たらないかもしれない。ところがはっと気づけば巨大な茂みのなかを走っている。速度は遅くても拡大していることに変わりはない。「ニュー・サイエンティスト」という科学雑誌は、ポンティクムを、ジョン・ウィンダムのSF小説に登場する歩行性肉食植物「トリフィド」になぞらえるよう勧めている。一方、コンサベーション・ボランティア（TCV）という環境保護団体は、一日もしくは週末を「ツツジ討伐」に充てる機会を随時提供している。[8] R・ポンティクムに対して宣戦布告が発せられた。とはいえこの植物は、多くの人が考えているような、イギリスに縁もゆかりもない外来種ではない。

黒海東南端周辺、すなわちトルコ北東部およびジョージアには、おびただしい数のR・ポンティクムが自生している。西に行くほどその数は少なくなる。ポンティクムはつねに黒海周辺から離れたがらないようだが、ブルガリアの辺境に1か所ポンティクムが自生している場所がある。ポルトガルに2か所、スペイン南部に1か所、またレバノンにも小さな群生がある。[9]

現在、イギリスとアイルランドで生育しているR・ポンティクムが、すべて、人間によって意図的に運ばれてきた苗の末裔であることは間違いない。[10] しかし、アイルランドで発見された化石から驚くべき事実があきらかになった。R・ポンティクムはおよそ40万年前、アイルランド南西部のいくつかの地域にすくすくと生い茂っていた。[11] つまり、イギリス諸島にまったくはじめてやって来たわけではまったくない――ふらふら彷徨い歩いて戻ってきただけなのだ。

少々補足説明が必要だろう。はるか昔にはイギリスに恐竜が住んでいた。約12万5000年前には、ライオン、ハイエナ、カバ、サイ、ゾウがイギリス中をうろついていた。しかしこういった連中よりも前からツツジはイギリスにいた[12]! すべての原因は過去200万年のあいだに起きた劇的な気候変動だ。地球は過去200万年のあいだ、ミランコビッチ・ウォブルと呼ばれる、地軸の微細かつ規則正しい揺らぎによって、氷河期と温暖な間氷期をいったりきたりしていた。氷河期のあいだは海水位が低下し、イギリス、アイルランドとヨーロッパ本土がつながったが、寒さのためにR・ポンティクムを含むほとんどの種がこの土地を追われて地中海地方に後退した。いまも、冬になるとイギリスの年金受給者のなかに地中海地方に避難する人がいるのと同じだ。やがて、氷が後退するとそれらの種はふたたび北を目指して行軍したが、すばやく移動した種だけが、イギリスもしくはアイルランドにたどり着き、海水位が上昇すると、ヨーロッパとイギリス諸島は切り離された。37万4000年前にとくに温暖な間氷期がはじまると、R・ポンティクムもそうやってイギリ

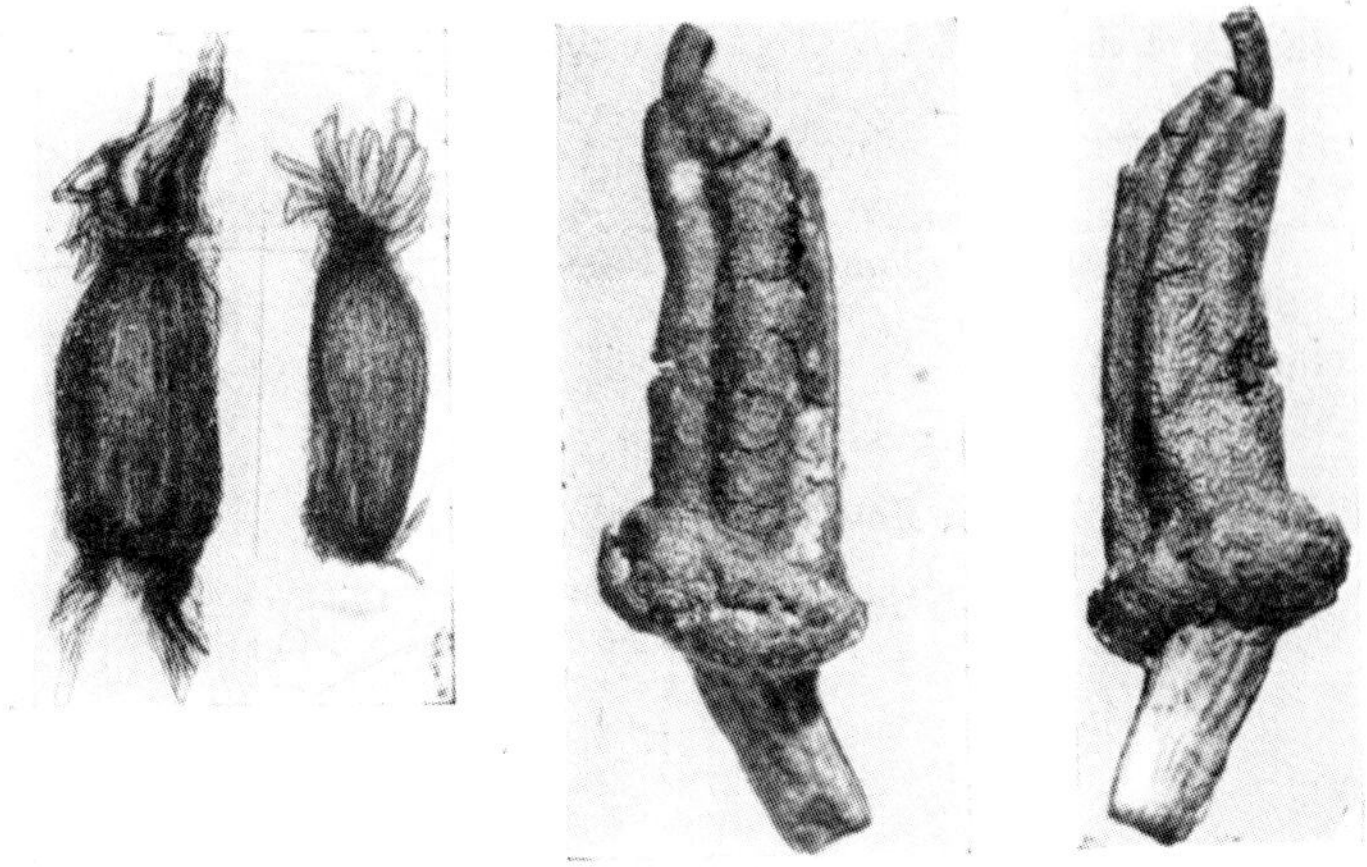

35万年前のロドデンドロン・ポンティクムの種子と蒴（さく）の化石。アイルランド西部ゴート近くの間氷期堆積物のなかに保存されていた。

スに戻ってきたが、その後、ふたたび氷河期がはじまるとまた追い出されて、以後二度と戻ってくることはなかった。ゆっくり拡大するというポンティクムの戦術が、このときは裏目に出たのだろう。このように、R・ポンティクムは、ライオン、サイ、ゾウ、恐竜とともに、かつてイギリス諸島に住んでいたという少々怪しげな肩書きを持っている。

40万年前のアイルランド南西部も、現在ベイ湖を見下ろす丘のようにツツジに占拠されていたのだろうか。そうではなかったようだ。いくつかの根拠がある。まず、化石証拠によれば、R・ポンティクムの数は比較的少なく、近隣の仲間たちと仲良く共存していたらしい[13]。

次に、過去のR・ポンティクムと同じように現在アイルランドに分布している、ツツジ科植物が、いくつかの手がかりを与えてくれる。アイルランド西部コネマラ地域とその周辺には、そこにしか自生していない稀少な3種類のヒースがある[14]（コネマラは、風にさらされたごつごつとした海岸線、山々、広大な湿原が、荒涼でありながらも美しい風景を作り出している場所だ）。エリカ・エリゲナ（*Erica erigena*）、いわゆるアイリッシュヒースは、この場所に中規模の群生をいくつか持つ。セント・ダービーシャー・ヒース（*Daboecia cantabrica*）は、コネマラ地域とその周辺の乾燥した土手に生えている。さらに珍しいのがエリカ・マクカイアナ（*Erica mackaiana*）だ。この花を最初に発見したのは、並み外れて優秀なアイルランドの植物学者、ウィリアム・マッカーラ［1814〜49年］だ。マッカーラは、ウィリアム・フッカーから、旅に明け暮れる偉大なプラント・ハンターの仲間入りをする機会を与えられたが、人付き合いが極度に下手だったためチャンスを棒に振ってしまった。[15] さらに南のキラーニーには、侵略的外来種のR・ポンティクムに現在脅かされている森林で、ツツジ科イチゴノキ（*Arbutus unedo*）が自生している。[16] 驚くことに、この4種の植物も、R・ポンティクム同様、いまも地中海地方に分布している。つまり、生息する気候帯が広く似ているということだ。ここに挙げたツツジ科のふたつの種は、中世の密売人によって偶然運び込まれたのかもしれないが、現在のR・ポンティクムのようにはびこってはいない。[17]

つまり、R・ポンティクムは、自然環境に自生していたときは、むやみやたらとはびこってはいなかった。そして生態学的によく似た近縁種もむやみにはびこってはいない。それではなにが原因で、現在のR・ポンティクムは、これほど元気いっぱいの鼻つまみ者になってしまったのか。人為的に運び込まれた植物は、その土地に自然にやって来た植物に比べて、ひとつ有利な点がある。彼らはたいてい天敵や病原菌を伴わないでやって来る。一方、彼らが運ばれてきた場所にもともといる動物は、見かけない植物を最初は食べようとしない。とはいえ、R・ポンティクムはもともと自生していた場所でもほとんど動物に食べられていないし、イギリスでいくつかの病原体の攻撃も受けているが、何物にもその拡大を阻まれていないようだ。[18] ということは、ポンティクムが侵略種となった原因は別のところにあるということだ。過去の間氷期と現在の大きな違いは、人間の存在だ。私たちは、この怪物の創造にどの程度関与しているのだろう。

自力で戻ることはできなかったので、R・ポンティクムはスペインから船に乗り、1763年にイギリスに帰ってきた。船に乗せてくれたのは、進取の気性に富むオランダ人種苗商コンラート・ロッディジーズだった。[19] その後ポンティクムはほかの場所からもやって来たが、DNA分析の結果、イギリスで自生しているポンティクムはすべて、スペインとポルトガルから運ばれてきた種を祖とすることがわかっている。[20] 彼らは1800年か、それより早くアイルランドにも運ばれていった。[21]

最初の数十年間、R・ポンティクムは鉢植え植物として栽培されていたらしい。早く花を咲かせることができるので重宝され、持ち運びできる便利な家庭の装飾になった。[22] しばらくすると、この木は方々の種苗家たちの庭で少しずつ大型化していった。彼らは、やがてポンティクムを別の種と交配するようになった。1841年、バッキンガムシャーのドロップモアで野生のポンティクムがはじめて確認された。「やすやすと森を埋め尽くすことができるくらい」たくさん生えていたという。その後の出来事は、その言葉が正しかったことを裏付けている。[23] ただし1829年にも、自生のツツジ（種は特定されていない）に関する報告があり、これもR・ポンティクムのことだったかもしれない。[24] 大量に繁殖できることから、R・ポンティクムの価格は急落した。現代の貨幣価値にして、1800年に約25ポンドだった苗木の価格は、1820年代には3ポンドを切り、1850年にはつねに1ポンドに満たなかった。[25] 富裕層は、フッカーがあらたに発見したシッキム・ヒマラヤの品種や品種改良されたその子孫を欲しがった。一方、それほど裕福でない人たちも、ツツジを買うことはできた……ポンティクムでさえあれば。

19世紀後半、R・ポンティクムは庭園以外の場所に現われ出す。勝手に逃げ出したのではなく、故意に植えられたのだ。ひとつには、1861年に手軽に装填できる散弾銃が発明されたことが原因らしい。気晴らしに銃をぶっ放す人が急増した。[26] それからまもなく、輸入木材の関税が廃止されると、国産の木材の価格が下落し、森林を伐採して狩猟場にする動きが加速した。それは、獲物の姿を隠す常緑の低木を広範囲に植えることを意味した。[27] こうして膨大な数の常緑低木が必要になった。木は安ければ安いほどよかった。当初は、マホニア・アクイフォリウム（*Mahonia aquifolium*［和名ヒイラギナンテン］）、プルヌス・ラウロセラスス（*Prunus laurocerasus*［和名セイヨウバクチノキ］）、プルヌス・ルシタニカ（*Prunus lusitanica*）のほうが、R・ポンティクムより安かった。[28] しかし、前述の価格の急落によって、事情が変わりはじめた。1864年には、ツツジをふんだんに植えた地所がいくつも出現していたことは間違いない。ある地主は、猟銃を手に出かけ、「ツツジが生い茂る藪」のなかで、たった一日でキジ1367羽、野ウサギ500匹、アナウサギ数匹（数える価値なしとみなされたらしい）を仕留めたという。[29]

1880年から81年にかけて、冬のイギリスの天気もポンティクムの普及を後押しした。ポルト

帰化したロドデンドロン・ポンティクムの植物学的絵画（ボタニカルアート）。ジャネット・ダイアー作。子房の外面に毛があることから、少なくともひとつ以上のほかの種（おそらくR・カタウビエンセ）の影響が認められる。

ガル・ローレル（*Prunus lusitanica*）は、この冬、2度にわたってイギリスを襲った厳しい寒波のために、地上に出ている部分の大半が枯死してしまった。ところが、R・ポンティクムはほぼ無傷だった。[30] いまやこの木は、安価で、生育が速く、腹を空かせたウサギには見向きもされず、花は美しく、日陰に植えても平気だった。とつぜん、狩猟場に植える木は、R・ポンティクム以外考えられなくなり、誰も彼もがこの木を欲しがるようになった。幸運にも、すでに自分の土地でポンティクムの成木を育てていた人は、苗木を売ってがっぽり儲けた。こうしてさらに価格は下がり、１０００本の苗木につき20シリング（現在の貨幣価値に換算して1本につき7ペンス）にまで値下がりした。[31] その結果、木の用途は広がり、私道の縁に植えられたり、遊園地の植え込みに使われたり、もっと繊細な種や栽培品種を接ぎ木する頑丈な台木として利用されたりするようになった。[32] サリー州に住む画家のジョージ・マークスは、この木を主題にした作品を少なくとも2枚描いた。10年か20年のあいだ、R・ポンティクムは、なくてはならない人気の木だった。

なにごとにも言えるように、人気が出れば文句を言う人が必ず現われる。人々は、R・ポンティクムは少々増えすぎるし、広がりすぎるのではないかと文句を言い出した。もっと繊細な木を育てる予定だった土地をポンティクムに乗っ取られてしまった領地も出てきた。ある著述家は「ひどく枝が絡まり合っているため、ツツジは獲物にとって格好の休憩所になり」、ますます獲物を追い出しにくくなったと不満を言っている。[33]

ここで天気がふたたび割り込んできた。１８９４年から95年のイギリスの冬は、19世紀でもっとも寒い冬のひとつだった。2月の平均気温はなんとマイナス１・８度。2月としては観測史上２番

侵略開始。ロドデンドロン・ポンティクムの若木たち。スコットランド西部リニ湾周辺。

目に寒く、1814年の冬に次いで平均気温が低かった。[34] テムズ川の流れは浮氷塊によってせき止められ、地中に埋まった水道管が凍りつき、子供と高齢者の死亡率は跳ね上がった。キュー・ガーデンの球根については言うまでもない。[35] 今回はたくさんのR・ポンティクムが枯れるか、霜にあたってひどく傷み、「醜い茶色になって、地上でぐったりと息絶えていた」と、ある著述家は憤慨して記している。この人物は、R・ポンティクムは耐寒性が売り物だったはずだと言って、この木を「いかさま野郎」と罵倒した。[36] このときから、R・ポンティクムの人気は落ち目になったが、すでに彼らはイギリスの田園地帯にしっかりと根を下ろしていた。

20世紀が幕を開けると、R・ポンティ

クムの拡大は加速した。もはや誰の助けも必要なかった。田園地域一帯で、R・ポンティクムの林は放射線状に拡大し、若木の大軍を生み出した。1910年には、たった1株が生えていた土地に直径24メートルの茂みができていた。[37] 1912年、R・ポンティクムはキラーニーの原生林に「わがもの顔で居座っていた」。1916年、ビーンは、「灌木［R・ポンティクム］がはびこって、他の木がいっさい見当たらない」場所を複数知っていた。[38] 1924年、ウェールズの森林監督官は、ポンティクムを「わが国最悪の雑草」と呼んだ。[39]

この頃には、この木が故意に田園地帯に植えられることはほとんどなくなっていた。しかし、第二次世界大戦がはじまったあとも、あらたな個体群は形成されていたかもしれない。戦時中、「勝利の庭」作りのために、ツツジの大木は庭園からぞんざいに追い払われた。荒れ地に捨てられた木のなかには、そのまま根を下ろしたものもあった。[40]

もっと繊細な品種を接ぎ木する台木として、R・ポンティクムは人気があったので、予想もしなかった場所から群生が生まれることもあった。繊細な品種が霜にやられたり、あるいはたんに、もっと生命力旺盛な共存者に圧倒されたりして、厳選された交配種を植えたはずの林がまるまる「10エーカーにまたがるR・ポンティクム林となり、道を切り開くにはブルドーザーが必要」になってしまうこともあった。[41] 同様のことはカリフォルニアでも起きて、この木をアメリカに輸入したハーフダン・レムを絶望させた。[42] 別のものになろうとして失敗する人のことを「ポンティクムのように元どおりになってしまう人」という言い回しが生まれ、のちに国会で、ソームズ卿（1985年）と、その息子で下院議員のニコラス・ソームズ（2000年）、そして2016年にはテレビで、ボリス・ジョンソン首相がこう呼ばれた。[43] とはいえ1933年まで、理想的な接ぎ木の台木としてR・ポンティクムを推奨する人もいた。[44]

1930年代まで森林委員会が、1950年代にはスコットランドの地主たちが、そして1960年代には環境保護家たちが、この木をなんとかして駆除しようとした。[45] コーワン一族のようなツツジの愛好家さえ、R・ポンティクムは「間違いなくもっとも厄介な雑草のひとつだ」と認めた。[46] 植物史家マギー・キャンベル＝カルヴァーは、2001年にこうした意見を次のようにまとめた。

> この植物は徐々にその本性をあきらかにした——原生林に自生していた種の首をじわじわと絞めつけて、窒息死させる殺し屋の本性を。この木は、あらたな犠牲者を求めて線路脇の盛り土にも広がった。唯一の取り柄は、気の抜けたような薄紫色から気の抜けたような薄紅色まで、色とりどりの花をときおり見せてくれることくらいだ。[47]

とはいえ、「ポンティクム」が、「命取りになりかねないストレス」を王太后［1900〜2002年。イギリス王妃、エリザベス2世の母］に与えているというタブロイド紙「サンデースポーツ」の記事は大げさだろう。[48] 王太后ご自身は、ツツジについて造詣が深かったので、記事を一笑に付されたに違いない。[49]

KILLER PLANTS STALK QUEEN MUM

Freak of nature puts royal in deadly danger

CHELSEA FLOWER SHOW SHOCKER

THE Queen Mum has been put at risk by a deadly plague of mutant shrubs.

A Triffid-like strain of the humble rhododendron is taking over her favourite gardens in killer clumps up to 20ft high.

And just one royal sniff of the scented shrub could send the 87-year-old great-grandma tumbling into her herbacious borders.

Armies of the shrubs, caused by a freak of nature, are towering above her favourite plot at Windsor Castle.

By JACK CANT

The deceptively beautiful purple bloom of the Ponticum strain has found its evil way into the gardens the Queen Mum planned and built with her late husband King George VI.

"They spread like wildlife, like something out of a horror movie," said Forestry Commission spokesman Steve O'Neill.

Deadly

"They kill anything that comes into their path," said the boffin, who does not know about the danger to the Queen Mum.

DANGER . . . Queen Mum

The problem has also struck at Exmoor National Park, where emergency teams of workmen have been sent to tackle the deadly shrub.

"It's been getting worse and it's not just in national parks, it's also found in Stately home gardens," said conservation manager Jeff Haynes.

"It is poisonous to mammals, birds and insects, and when it takes hold, everything else dies.

"We are extremely concerned — the plant has run riot."

The green-fingered royal has yet to be warned about the killer plant which has ravaged an area the size of Coventry in the last year.

Warned

"Yes, we've seen the Ponticum at Windsor. But we had no idea it was so dangerous," said a concerned royal workman.

The Queen Mum is expected to make her annual visit to the Chelsea Flower show tomorrow.

But one of the show's organisers warned: "There will be masses of rhododendrons at the exhibition."

イギリスのタブロイド紙「サンデースポーツ」のいささか扇情的な記事。

したがって、ロドデンドロン・ポンティクムは、人間の力を相当借りて、イギリスの田園地帯に根を下ろしたことになる。しかしそれでは、その後あれほど盛大に勢力を拡大できたのはなぜだろう。とくに、40万年前のアイルランドで同じ現象が起きなかったことを考えると、不可解だ。手がかりはトルコで見つかった。R・ポンティクムは、トルコの固有種だが、森林で木材の伐採がはじまってから侵略的になった。[50] 人間の活動によって、生息環境や地勢に変化が生じたことが、R・ポンティクムに有利に働いたとしか考えられない。同じことがアパラチア山脈のR・マキシムムにも起きている。[51] ある特定の土地管理システムのもとでは、サワギク、ワラビ、ハリエニシダのようなイギリス原産の品種も、同様に侵略的になる可能性がある。人間の活動によって生態系のバランスが崩れ、それがある種には有利に働き、別の種には不利になる。草食動物がR・ポンティクムは食べられないとすぐに学習する一方、キラーニーのシカやほかの場所のヒツジのように、増えすぎた家畜が土壌を掘り起こして若木が根を下ろすのに最適な環境を作り、R・ポンティクムの侵略に手を貸している。[52] 現在、R・ポンティクムは、40万年前よりはるかにイギリス諸島に適応している。

人間は、うっかり別の方法でもR・ポンティクムに協力したかもしれない。遺伝子組み換えだ。イギリスに帰化した個体群を注意深く見てみると、少なくともイギリス北部では、毛深い子房や、花弁についた濃い深紅の斑点に遭遇することがある——原産地であるスペインの個体群にはない特徴だ。これらの特徴から、ポンティクムがR・カタウビエンセ、R・マキシムム、R・アルボレウムなどほかの種の遺伝的影響を受けているとわかる。その影響はスコットランドでもっとも顕著で、アイルランドではほとんど見られない。遺伝子マーカーによると、平均的なイギリスのポンティクムには、R・カタウビエンセのDNAが約5パーセント含まれているらしい。つまり、曽・曽・曽祖父母のうちひとりないしふたりはR・カタウビエンセだったということになる。[53] マキシムムやアルボレウムを祖先に持つ個体もあるだろう。

これは、19世紀を通じて、庭園で意図的ないし偶然に行なわれた交配の結果だ。先の章で触れたように、R・ポンティクムは品種改良に絶えず利用された。さらに、同じ種の個体がそばにないときは、隣で栽培されている近縁種と自然に交配することもあっただろう。先に述べた、ヴィクトリア時代の、自生する大量のポンティクムの苗木のなかには、カタウビエンセと自然に交配して生まれたものもあれば、そこからふたたびR・ポンティクムと交配した戻し交配種もあっただろう。こうした木々がまたさらに、近くに生えているポンティクムの個体と交配して、R・カタウビエンセの遺伝的影響を拡大し、同時に希釈していったのだろう。

スコットランド、ゲイロック周辺、帰化したロドデンドロン・ポンティクム。花冠に深紅の斑点がある。純粋な固有種には見られない特徴であるため、他の種から遺伝的影響を受けていることがわかる。

自然選択の影響もあっただろう。１８９５年の苛酷な冬によって、純粋なポンティクムは死に絶えたらしい。その一方で、「カニンガムズ・ホワイト」（*catawbiense x ponticum*）といった耐寒性の交配種はぶじ生き残ることができた。[54] R・カタウビエンセとその交配種は、R・ポンティクムより寒さに強いことがしばらく前からわかっていたが、これ以降、経験的に証明されるようになった。[55] １８９５年の冬、強烈な寒さに襲われたイギリスで、自然選択は、純粋なポンティクムよりも「カニンガムズ・ホワイト」を好み、同様に、R・カタウビエンセに由来する寒さに強い遺伝子を持つ個体を好んだ。１８９５年以後生き残ったポンティクムの個体群は、より寒さに強い個体群だった。だからこそ、１８９５年以来の厳しい寒さがイギリスを襲った１９６３年の冬、ポンティクムの個体に前回（１８９５年）のような被害が出なかったのだ。[56] 選択圧の強さは土地の気候によって変化するはずだ。寒さの厳しいスコットランド東部では強く、温暖なアイルランド西部では弱くなる。そして寒い地域ほど、カタウビエンセの影響は大きくなる。このように、交配によって、R・ポンティクムは北の寒い地域や山岳地域に拡大することができた。

イギリスのポンティクムは、完全に純粋なポンティクムから、他の種のDNAを約20パーセント含むものまで幅広い。そのため、これらをまとめて「ロドデンドロン×スペルポンティクム *Rhododendron x superponticum*」と呼ぶのは正しくない。[57] この名前は、イギリスのポンティクムがすべて近年開発された交配種であるかのような誤った印象を与えるため、嘆かわしい混乱を招いている。[58] 正しい呼び方は、「R・カタウビエンセおよびその他の種のさまざまな遺伝的影響を受けたR・ポンティクム」だ。

ロドデンドロン・マキシムム。イギリスの侵略的外来種R・ポンティクムに遺伝子を提供したと考えられる種のひとつ。「カーティス・ボタニカル・マガジン」、1806年に発行された号より。

ロドデンドロン・ポンティクムが日の光を遮るだけで、周りにいるほかの植物は枯れてしまう。成木であれば枯れずにすむかもしれないが、キラーニーのような場所では、森が純粋なポンティクムに最終的に乗っ取られてしまうおそれがいまもある。ポンティクムは背が低くかつ鬱蒼と生い茂るため、樹木を含む他の種の再生を妨げるからだ。[59] それは鳥の多様性に影響を与え、地元の固有植物から花粉媒介者を遠ざけ、ミミズや土壌微生物の成長を阻害する。[60] 他感作用――ある植物が分泌する化学物質が土壌に浸透して他の植物の生育を阻害すること――が、起きている証拠も複数存在する。しかし、自然界に影響が出ていることがあきらか

ノーフォーク州サンドリンガムのイギリス王室別邸近くに侵入して生い茂るロドデンドロン・ポンティクム。

なほどではない。[61] むしろポンティクムが、菌根菌という頼りになる相棒の力を借りて、土壌の栄養分を枯渇させている可能性が高い。そのため、ポンティクムを抜いたあとも、ほかの植物の種子がその場所に根付くのは難しい。根絶計画では、成木を完全に切り払ったあとも、土壌が回復して、自然植生がふたたび可能になるまで、ツツジの苗木を何度も根こそぎにしなければならない。

生態学者が懸念するのはもっともだ。R・ポンティクムは、浮島湿原や、移動する湖、ヒースが生い茂るイギリスの乾燥した荒野、稀少なコケや地衣類の住処であるスコットランド西部大西洋沿岸の多雨林など、イギリスだけでなく世界的に見ても稀少な生息環境を侵略している。[62] イギリスのブリストル海峡上に浮かぶランディ島には、この島でしか栽培されてないランディキャベツ（*Coincya wrightii*）があるが、侵略的なR・ポンティクムに土地を奪われつつある。[63]

アイルランド、ベイ湖。ここに帰化したロドデンドロン・ポンティクムの色彩は息をのむほど美しい。2014年6月、ハイカーたちはここで身動きが取れなくなった。

経済に与える影響も深刻だ。アーガイル［スコットランド西部の旧州］とビュート［スコットランド南西部の旧州］の3300ヘクタールにおよぶ商業林（おもに松造林地）は、現在ポンティクムに浸食され、木材の伐採に余分な費用が相当かかっている。[64] 広大な自然公園、とくに、比較的攻撃的でないツツジ（つまりポンティクムでない種）をたくさん植えているイザベラ・プランテーションやウィンザー・グレート・パークのような公園では、ポンティクムに乗っ取られないように、この木を伐採する予算を組んでいる。[65] 公園の外でも、歩道や遊歩道を維持するにはポンティクムの伐採が欠かせない。ヒツジにとっても、食べれば命取りになりかねないが、たいていのヒツジはこの木を食べてはいけないと知っているし、前述のようにお茶をたっぷり飲ませれば回復する。

　近年あらたな問題が生じている。フィトフトラ・ラモルム（*Phytophthora ramorum*）およびその近縁のP・ケルノヴィアエ（*P. kernoviae*）という菌が原因で起きるオーク突然死病と呼ばれる病気だ。[66] これらは真菌様の病原体で、ブナ、オーク、カラマツなど幅広い種の樹木を攻撃する。そして、ロドデンドロン・ポンティクムは、この病気の「腸チフスのメアリー［1900年代初頭にニューヨークで散発した腸チフスの原因となった人物。チフス菌の健康保菌者で、自身は発病せず感染源となった］」なのだ。ポンティクム自体は、簡単に感染するが症状は軽く、もっと脆弱な他のツツジ属を含む周辺にいる別の種の病原巣となる。[67]

ポンティクムに反撃するのは、困難なうえに費用もかかる。手作業で木を除去することは可能だ。グラウンドワークというボランティア団体は、1981年から役所の横槍が入るまでのあいだに、この方法で、キラーニーから40パーセントのポンティクムの茂みを除去した。[68] 最大級の個体群を根絶するには、工業規模の方法が必要だろう。スノードニアから根絶する費用だけで、3000万から4500万ポンドかかると言われている。[69] ぐずぐずしていれば、そのぶん負担が増す。いますぐ取りかかれば、アーガイルとビュートからツツジを根絶するのに必要な費用は930万ポンド。しかし2028年まで待てばその費用は2倍、2058年には3倍になるだろう。ポンティクムが容赦なく成長・拡大するからだ。[70] 部分的に除去するだけであれば、費用は安くて済むが、その場しのぎの方策にすぎない。失われるものの大きさを考えれば、たとえば、スコットランドのサンアートのように、ポンティクムの群生が貴重な自然環境を脅かしている地域では、完全撲滅がもっとも現実的で適切な策だろう。[71] ポンティクムの拡大を抑えるには、ヒツジやシカの放牧圧を減らすという単純な応急措置も有効だ。ヒツジやシカが土壌を掘り返し、若木が根を下ろすのに最適な環境を作る機会を最小限に抑えることができる。

R・ポンティクムは即刻退治しなければならない怪物、と誰もが考えているわけではない。スコットランドに生息する15種の有害な外来動植物について、駆除を行なうべきかどうか世論調査を行なったところ、意見がはっきりとわかれたのは3つの種だけで、そのなかのひとつがP・ポンティクムだった。駆除を支持すると答えたのはわずか51パーセントで、強く支持するとした人は12パーセントに過ぎなかった。[72] あとの2種は鳥で、カナダガンとアカオタテガモだった。駆除を支持すると答えた人が多かったのは、ハイイロリス、アメリカミンク、オークニー諸島に運び込まれたハリネズミのような、一見したところ可愛らしい種だった。駆除がもっとも支持されたのは、イタドリ［日本原産のタデ科の多年草。別名スカンポ］とバイカルハナウド［シベリア原産のセリ科の多年草］だった。したがって、一般の人々のあいだでは、R・ポンティクムは侵略的植物とみなされていない。多くの人がこの木を好ましいと思っているようだ。

アイルランドのベイ湖周辺でハイカーたちを罠にはめた個体群は、ポンティクムの巨大な群生が満開の花を咲かせたときの息をのむ美しさを実証している。だからこそ、地元の人々はこの木を残しておきたいと思うのだろう。スコットランド北西部のトリドン湖周辺から大量のポンティクムが除去されたときは、大勢の住民が憤慨した。一方、スノードニアでは、生態学者や公園管理官たちが地元の人たちを数年がかりで説得して、駆除について支持を取りつけた。[73] 数は多くないが、ナイチンゲール、カワウソ、アナグマなど、ポンティクムの存在に助けられている動物たちもいる。[74]

イギリス、ウェストヨークシャー州、ハッダーズフィールドの近くにあるウィットリー・パークでは、地元の人たちがR・ポンティクムの3つの雑木林を守ろうと熱心に活動している。活動の背後には、公園所有者による原生林破壊を阻止し、林の下にあると考えられているアナグマの巣を守ろうという、もっと大きな事情があるようだが。地元の新聞には、これらのツツジの雑木林が咲き誇ったときの「目を見張る美しさ」を描写する手紙が寄せられた。[75] 国会では、デーヴィッド・ヒンチリフという地元選出議員がこの騒動の顛末を次のように語った。

地元住民は、ブルドーザーの前に立ちはだかり、運転席の扉をこじ開けようとしましたが、無駄でした。3時間もしないうちに、こんもりとした雑木林は、少なくとも100年以上前から人々に愛されてきたウィットリー・パークの名物は破壊されてしまいました。[76]

同じ選挙区に住むバリー・シアマン議員と、アンジェラ・イーグル大臣の支持を受けて、ヒンチリフ議員はこう結論した。

ツツジは、とくに1年のこの時期は魅力的であるにもかかわらず、一部の人たちから侵略的雑草とみなされています。駆除の必要があるのは私も理解しています。その生長が、自然の樹木の再生を妨げているのであればなおさらでしょう。しかし、こうした駆除は、地元の行政区の議長が「環境への破壊行為」と表現するような方法ではなく、問題の樹木を継続的かつ慎重に除去する方法で行なわれるべきです。[77]

このように、ロドデンドロン・ポンティクムは、イギリスに生育するいくつかの樹木のように、世論を二分している。この木は美しい景観を提供してくれる――固有種であれ外来種であれ、イギリスの野生植物でこの美しさにかなうものはないだろう。子供たちには自然の遊び場を作り出してくれる。しかし、野生の動植物や森林に有害であることは間違いない。放置していれば、容赦なく拡大を続けるだろう。

数百万ポンドを費やしてこの植物を除去し、そのあとを荒れ地にしておいたのでは意味がない。ツツジの根は土壌をしっかり固定して、自然林のように雨水を閉じ込める。そのためツツジを除去すれば、そのまま流出する雨水の量が増える。[78] 一方、丘陵でヒツジの過放牧状態が続いており、その環境は、生物学的多様性においてかろうじてまさるもののはるかに浸食されやすく、雨水が流れ落ちるスピードも速い。そのため、近年イギリスを苦しめている洪水問題の一因となっている。[79] ツツジの木はバイオ燃料として利用できるかもしれない。ポンティクムの葉を収穫して売れば、毎年1ヘクタールにつき850ポンドの収益が見込まれる。[80]

ツツジの駆除に関する決定はさまざまな事情を勘案して行なう必要がある。ウィットリー・パークやリッチモンド・パークのような公園の個体群は、ツツジが生えている利点が欠点を上回る。スコットランドには美しい景観以外に取り柄のないような場所もある。ポンティクムはその美をいっそう際立たせてくれている。各自治体が必要とみなす場所では駆除を行なうのがいいだろう。そう考えると、ＥＵ圏内でのポンティクムの販売と植栽を一律に禁止するというＥＵの法案は、あまり意味がない気がする。たとえば、ポンティクムは、原産地であるスペイン、ポルトガル、ブルガリアでは絶滅の危機に瀕している。さらにこの法案は、ロドデンドロン×スペルポンティクムという誤った名前におそれをなしたか、ポンティクムの交配種まで禁止対象に含めている。しかしそれは園芸界に多大な損失をもたらすだろう。純粋なポンティクムに代わる接ぎ木の台木として推奨されるようになった、なんの罪もない「カニンガムズ・ホワイト」という栽培品種まで禁止してしまうのだから。これまでイギリスで、「カニンガムズ・ホワイト」が野生に生えているところは目撃されていない。[81]

Ｒ・ポンティクムの物語を興味深いエピソードで締めくくるとしよう。エピソードを提供してくれたのは、２００５年にターナー賞を受賞したサイモン・スターリングというアーティストだ。２０００年、スターリングは、スコットランドのエルリック・ヒルに自生する個体群が完全撲滅されることを知り、そのなかから7株のポンティクムを慎重に掘り起こすと、車に積んで彼らの生まれ故郷であるスペインに運んだ。[82] この作品のタイトルは、科学論文のタイトルに似ている。おそらくわざとだろう。

救出されたツツジ（7株のロドデンドロン・ポンティクム、スコットランドのエリック・ヒルから救出され、スペインのロス・アルコノカレス自然公園に移送された。これらの種は、

1763年にクラース・アルストレーマーによってかの土地よりもたらされ、栽培されるようになった)。

コンセプチュアル・アートとして、この作品はいくつかの問題を提起することに成功している。とくに、R・カタウビエンセに由来する遺伝子を持っているかもしれないスコットランドの植物を、純粋な固有種の個体のなかに移植するのは果たしてよいことなのか、という問いを。がちがちの自然保護活動家は、いいわけがないと言うだろう。しかし現実主義者は、これらの株のおかげで、深刻な脅威をもたらしている気候変動に脆弱な固有種が対応できるようになるかもしれない、と反論するかもしれない(気候変動の脅威については次章を参照されたい)。スペインよりスコットランドではるかに健やかに生長していたことを考えると、「救出された」株たちは、スターリングの骨折りをありがたいと思わなかったかもしれない。その後、ロイシン・バーンというアイルランドの美術学生が、スターリングが移植した植物のうち1株を掘り起こしてアイルランドに空輸した。故意の窃盗と剽窃という行為を通じて、現代アートに異議を申し立てる研究の一環なのだそうだ[83]。

第9章 ツツジの保護、収集、未来

ツツジに適した生物気候環境は、予想される気候変動のシナリオの下では、かなり縮小していることがわかった。[1]

1920年代末、スコットランドのなかでもとくに辺鄙な場所にあるコラーという駅に、1台の列車が停まった。列車から降ろされたのは1000株のツツジの苗木だった。これらは、ジョージ・フォレストのチームが野生の木から採集した種子が中国で芽を出した苗木だった。

彼らの旅はこれで終わりではなかった。ほとんどの苗木は仲間たちが馬か荷車に少しずつ分乗して、オシアン湖まで1マイルの道のりを運ばれていくあいだ、自分たちの順番が来るのを延々と待った。オシアン湖に到着した苗木は、汽船に乗せられて湖の南東の岸に運ばれた。彼らの終《つい》の住処《すみか》は岸を見下ろす急な崖の上にあった。こうしたすべてを計画したのは、準男爵で、この土地の所有者でもあるサー・ジョン・スターリング＝マクスウェルだった。彼はフォレストの6回目の遠征旅行の資金提供者で、その後も数年間にわたり複数の遠征旅行を支援した。[2] 彼の夢は自分の土地にツツジの園を作ることだった。その目標は成就されたが、彼はそれ以上に大きなことを成し遂げた。と

コラー植物園内、オシアン湖を見下ろすひと気のない丘に生い茂るさまざまなツツジの種。

いうのも、長旅を生き抜いた繊細な苗木のなかには、R・インシグネのように、現在自然環境のなかで非常に未来が危ぶまれているものもあったからだ。コラー駅の隣で震えていたR・インシグネの小さな苗木たちは、親木たちを破壊することになる勢力から逃れてきた避難民だった。

コラーは私有地だが、湖の南側に沿って近づいていくと、最初に見えてくるのはごくありふれたスコットランドの田園風景だ。牧草とイグサとコケに覆われた急な丘の斜面、冷たく澄んだ水を湛えた広い湖、そしてお決まりの松造林地。夏には小さな羽虫があたりを飛び交う。しばらくするとツツジが現われ出す。詳しい人には、R・ポンティクムではないとすぐにわかる。そしてまもなく、目を見張るばかりの多様性に満ちたツツジの海のなかにいることに気づく。中国雲南省北西部の丘陵地もこれにはかなわないだろう。一見、人の手が入っていないように見えるこの場所には125種類のツツジが生えている。実際、このツツジのなかを歩いていると、イギリスから一歩も出ていないのにヒマラヤの森のなかを歩いているような高揚感を味わえる。厳密には庭だが、ここにいると、本物の自然に抱かれているような気分になれる。

サー・ジョンのあとを継いだ庭園の所有者たちもツツジを愛した。しかし最近の所有者は自分たちの財産を守ることに熱心なようだ。水はけに注意しないと、現在は見上げるような巨木に生長したR・インシグネのような大型の樹木は、外国の土地では根腐れを起こすおそれがある。現在は、木が枯れた場所には、ツツジ種保存団体の人々によってあたらしい株が植えられている。[3]

コラーは、イギリスおよびそれ以外の国に多数ある、個人が収集したツツジ・コレクションのなかでもっともドラマチックだ。グレンドイック・ガーデン、インヴァリュー庭園のほか、コーンウォール州にあるたくさんの庭園がツツジを育てている。[4] 植物園とともに、こうした個人の庭は、ツツジ属のなかに存在する種の信じられないほどの多様性を保存する役目を担っている。

過去の植物収集家たちの遠征や冒険を書き綴った本を読んでいると、過ぎ去りし日への憧憬がかき立てられるだろう。そこには発見のスリルがある。手つかずの自然があふれる野生の風景が目の前に浮かんでくる。キングドン＝ウォードの言葉を例に引いてみよう。

私は山の斜面に腰を下ろした。頭上ではツツジが燃えるような赤い花を咲かせていた。たくさんの小鳥が、甲高い声でさえずりながら、藪から藪へ飛び回り、斑点がついた花のなかに頭を突っ込んで、小さな甲虫を探していた。目の眩むような夕陽が沈むと、あたりは紫色の夕闇に包まれた。西の方角、メコン川谷の向こうにはカ・カルポという聖なる山が見える。凍てついて砕けた巨大な滝が崖から垂れ下がっていた。最大の氷河が途切れたあたりには、黄金色に輝く小麦の段々畑の上に家が数軒点在しているのが見えた。[5]

こうした文章は、過去の世界と現在の世界の、どうしようもない、ありがたくない違いをあきらかにする。かつては遠征が行なわれるたびに、自然界が大きくなり拡大していくかのように思われていた。たとえばキングドン＝ウォードは、ツァンポー川とブラフマプトラ川がつながっていることを発見した。そして、フォレストがツツジの「ふるさと」を探し続けたように、さらなる発見が待ち受けているという期待がつねにあった。現在、野生の場所は後退し、絶えず拡大し続ける人間集団の足下で消滅しようとしている。そのなかには腹を空かせて食べものを求める人もあれば、たんに利益を求める人もいる。森は切り倒され、湿地は水を抜かれ、草原は「改良」されている。まだ誰にも発見されていないツツジも、ひょっとすると存在するのかもしれないが、すぐに見つからなければ消えてしまうだろう。永遠に誰にも気づかれることなく、愛でられることもないまま。

中国の一部地域では、すでに１９４５年までに急速な森林伐採が行なわれてきた。１９５７年、ネパールで、非常にまずい政策決定がなされ、その結果、急速に森林伐採が進められている[6]（毎年約２パーセントの森林が伐採されている）。この地方では、はるか昔から持続可能な収穫活動が継

中国、百里の庭園。地元の固有種ではないツツジの種が植えられている。後方の濃緑の木々は、地元固有種のR・デラバイ。

続されてきた。たとえばシッキム・ヒマラヤでは、焚きつけやお香のためにツツジの木が集められているが、人口が着実に増え続けているために野生の動植物に被害が出はじめている。[7] さいわい、キングドン＝ウォードが、非常に多くの興味深い種を発見したツァンポー峡谷のようないくつかの場所は、ほとんど手つかずのままのようだ。かつて採集家たちの胸をわくわくさせた近寄りがたさが、これらの場所を保護している。[8] とはいえ、水力発電所の建設計画がもちあがっているのは心配だ。計画が賢明に進められることを祈らなくてはならない。[9]

　中国は、自国の自然遺産を保護するために対策を行なっている。たとえば、巨額を投じて開始された黄土高原［中国の黄河中流部流域に横たわる広大な高原］の再生計画は、野生の動植物、地元の人々、地球規模の気候によい影響をおよぼしている。[10] ツツジの文化的重要性が、この花を守ろうという動きを後押ししている。貴州省の百里にある杜鵑自然保護区の地下には石炭層が埋まっている。ツツジがなければ、町はいまごろ露天掘りの炭鉱になっていただろう。しかしそうはならず、毎年春になると大勢の観光客が、デラバイ×イロラトゥム（*delavayi x irroratum*）という交配種の群生がいっせいに咲き誇る様子を見に町を訪れる。この植物の美しさが、周囲のあらゆる自然ばかりか、地元の農民たちの暮らしぶりをも守っている。

とはいえ中国の観光産業には、他国に見られるような、野生の場所と庭園の明確な線引きはない。ツツジを見に来る観光客にとって、ツツジが庭園に植えられているか自生しているかはたいした問

ボシュニアキア・ヒマライカ。宿主植物ロドデンドロン・デラバイおよびR・イロラトゥムの下で生長する寄生根。中国貴州省百里杜鵑自然保護区。

題ではない。百里には現在、R・モレのような、地元の固有種でない種をたくさん植えたアザレア・ガーデンがある。これらは観光客にツツジをより楽しんでもらうために植えられたものだ。アザレア・ガーデンの周りには野生のツツジがたくさん生えている。そのため、よそから移植された種のなかに、在来種と交配するものがこの先かならず出てくるだろう。百里には、全世界でここにしか生えていない非常に稀少なR・バイリエンセ（*R. bailiense*）がある[11]（百里のなかでもごく狭い2か所にしか生えていない）。しかし、固有種でない近縁種が近くに植えられたら、数世代のあいだに交配種に取って代わられ、純粋な種としては存在しなくなるおそれがある。

ツツジは、自然のなかでそれ自体価値があるだけでなく、植生のなかの支配的存在として、他の生物のコミュニティを支えている。ボシュニアキア・ヒマライカといって、ツツジの根でしか育つことのできない寄生植物さえある。この寄生植物は、やくざな生き方を選ぶために葉と葉緑素を捨てた[12]。ところが残念なことに、宿主がいなければ生きることができない。トルコでは、イギリスでは評判の悪い野生のロドデンドロン・ポンティクムが極相種となり、長期にわたって安定した状態が保たれている森林がいくつかある［植物群落が、遷移の過程を経て、その地域の環境に適合し、長期にわたって安定な構成をもつ群集に到達したときの状態を極相といい、極相の状態のときに中心となる樹木を極相種という］。なかには樹齢が500歳を超えるツツジもある。これらの木が、ユーラシア大陸西部のもっとも稀少で、現在脅威にさらされている植物帯を支えている[13]。

園芸と保護の関係はつねに円満とはかぎらない。庭園のために過剰に採取されて、絶滅の危機に瀕している種もある。百里の杜鵑景勝地を含め、中国のさまざまな保護地域では、現在、地元の人手がランの花をむしって、観光客に販売している。[14] アーネスト・ウィルソンは、何万本もの咲き誇るリーガルリリーを目にして、矢も楯もたまらず600個の球根を持ち帰ったが、[15] それはまだ自然界が破壊不可能で、天然資源は無尽蔵にあると考えられていた時代の話だ。

いまでは、生物多様性が危機にさらされていることが周知され、多くの場所で採集を制限する規則が定められた。これらの規則が（善意によるものとはいえ）、崇高な目的を持つ人たちの障害になっている場合も多い。一方、それほど良心的でない人たちは、百里のラン泥棒のように、深い考えもなく規則を無視する。ベトナムには稀少植物の採集を禁止する法律があるが、非常に厳格で融通性に欠けるため、R・ファンシパネンシス（*R. fansipanensis*）やR・スイレンヘンセ（*R. suilenhense*）など、いくつかの稀少な固有種が合法的に採集されたことは一度もない。よって、種として正式に記録することができず、[16] これらの植物は正式には存在しないことになっているため、絶滅のおそれのある生物種のリスト（通称レッドリスト）に加えることができず、一部の保護が受けられない。

ツツジは、球根植物やランと違って、採集しても野生の個体群にまったく影響がない。株がかなり大きく、一度にたくさんの種子を作るので、ツツジが自生する辺境の土地から個体群をまるごと運び出すことは不可能だ。フッカーら収集家たちは、ひと株の個体から数万の種子を集めることができた。しかもその個体の一生どころか、その年の繁殖努力にさえ影響を与えなかった。つまり、肝心なのはバランスだ。信頼の置ける人々に採集を許可することが必要だ。1981年以来中国で実施されているように、地元の人々に参加してもらうのが理想的だろう。そうでもしなければ、ベトナムで、生息環境が破壊されるようなことがあった場合、厳密には違法に集められたR・ファンシパネンシスの種子から芽を出した株が、唯一残された個体になってしまう事態もあり得る。同じように、いまはまだそうでなくても近い未来に、ウィルソンやフォレストら採集家が種を持ち帰ったおかげで、生き延びることができた種が出てくるかもしれない。

　ツツジのなかには、すでに自然から消滅してしまった種もあるだろう。確実に消えてしまったのはR・レトロルシピルム（*R. retrorsipilum*）だ。このビレアは、パプアニューギニアの狭い土地に生育していたが、その土地が完全に伐採されてしまった。そして残念なことに、この出来事が起きる前に移植され栽培されることもなかった。同様に、自然界からは姿を消したが、人工的に栽培されて運良く生き延びることができたのがR・カネヒラエ（*R. kanehirae*）だ。この木は、かつて台湾北部の北勢渓《ベイシー》で、日当たりのいい岩場を彩っていた。そのほかに、現在36の分類群（種、亜種、品種）が、正式に「絶滅寸前」リストに、280の分類群が「絶滅危惧」もしくは「危急」リストに挙げられている。「絶滅寸前」に分類されているもののなかには、しばらく前から野生で見かけられていないものや、生息環境が失われてしまったため、すでに絶滅した可能性があるものも含まれる。これらのなかには、R・アウリトゥム（*R. auritum*）、R・セアルシアエ（*R. searsiae*）、先に言及したR・インシグネ変種インシグネ（*R. insigne* var. *insigne*）、R・エウリシフォン（*R. eurysiphon*）、R・シュウェリエンセ（*R. shweliense*）、R・グリエルソニアヌム（*R. griersonianum*、多くのすぐれた交配種の親）もある。すべて中国の固有種だ。[17]

　園芸学的にあまり重要とみなされていなければ、これらの種の大半が、いや、すべてが永遠に消

絶滅寸前のため、人工的に栽培されて保護されているツツジ。R・アウリトゥム、R・セラシアエ、R・インシグネ変種インシグネ。

ロドデンドロン・ペトロカリス。寒さに弱く、自然ではすぐに枯れてしまうと考えられている。スコットランド南西部ストランラー、ローガンの戸外で栽培されている。ローガンにはエディンバラ王立植物園の衛星植物園がある。

えてしまっていたかもしれない。しかし彼らは、その美しさによって、また、彼らに魅了された人々の努力によって絶滅を免れた。こうした種のなかには、ひょっとすると、どこかの、まだ発見されていない個体群のなかに隠れているものもあるかもしれない。しかしそうでなければ、彼らの未来は完全に、生きた標本が栽培されている、国や民間が運営する大学や研究機関や庭園のなかにあるのだろう。これは生息域外保全と呼ばれるもので、本来の生息域や生息環境以外の場所で種の保存を図る方法だ。

この事業を先頭に立って推進しているのが、500をゆうに超える種を栽培するエディンバラ王立植物園だ。[18] 王立植物園は、冷涼な環境に位置するエディンバラの植物園のほかに、川沿いの岩がちな丘の中腹にあるダウィック植物園、険しい高地にあるベンモア植物園も運営している。スコットランド南西端のローガンにある王立植物園はとても変わっている。海洋性気候のためヤシの木が生い茂っている——スコットランドでこんな光景にお目にかかれるとは誰も思わないだろう。ここでは、ツツジのマデニア・グループや稀少なR・ペトロチャリス（*R. petrocharis*）のように、ほかの場所ならば温室に入れなければならない寒さに弱い種も屋外で栽培できる。一方、中間にある、インヴァリュー、コラー、グレンドイックのような民間の庭園にも、エディンバラに勝るとも劣らないコレクションがある。キュー・ガーデンとサー・ハロルド・ヒラー・ガーデンズは、とくにペンタンテラ・アザレアのコレクションが有名だ。

自然の生息域であれそれ以外の場所であれ、種を保護するには、個体をひとつかふたつ生かし続けるだけでは不充分だ。種の存続には遺伝的多様性が不可欠なのだから。多様性がないと、種は、病気や気候変動などの脅威に自然選択を通じて対応することができない。したがって種の保護には、個体群をまるごと保護する必要がある。そのため、公立、私立を問わず、個体群がこれほど多くの庭園に散らばっていることは、多くのツツジにとってきわめて重要なのだ。野生の個体群からあらたに種子を集めることは、栽培植物の遺伝的多様性をいちじるしく高めることにつながるのでいっそう重要だ。中国の昆明植物研究所はこれを実践している。インドでも、R・マデニィ（*R. maddenii*）のような種について、同じことが行なわれるようになってきている。[19]

栽培植物が種の保存に果たす役目を考えれば、正確なラベル付けが不可欠だ。これを怠ると、これらの植物は、魅力的ではあるが素性の知れないただの灌木になってしまう。ウィンザー・グレート・パークのヴァレー・ガーデンで保存されているコレクションに価値があるのは、20世紀初頭に、タワー・ヒルですばらしいツツジの種を採集したJ・B・スティーヴンソンが、綿密にラベル付けを行なってくれたおかげだ。[20] ジョージ6世とエリザベス王妃にヴァレー・ガーデンの造園を託されたエリック・サヴィルは、スティーヴンソンのコレクションを、未亡人のロザから買い取った。すでにそのとき、多くの株は立派な成木に生長していたので、もっとも大きな個体（1・5トンのR・ファルコネリ）をウィンザーまで運ぶのは、『サンダーバード』を彷彿とさせる大仕事だった。直線距離にすればわずか13キロメートルだが、低い橋を避けなければならなかったので移動距離は数倍に延びた。木が通過できるように、電信線をたびたび持ち上げなければならなかった。[21] その努力は十二分に報われた。ツツジが植えられた光景——ヴァージニア・ウォーターを見下ろす小さな尾根と谷のつらなり——は、息をのむほど美しい。

ツツジ種保護団体の人々。コラーでさまざまなツツジの種の植栽活動を行なっている。道に置かれている苗木はすべてグレンドイックから送られてきたもの。

スコットランドのダンディーとパースの中間に位置するグレンドイックには、ぜひとも触れておく必要がある。ここは、この本で紹介したいくつかの伝統がいまも生き続ける、おそらく世界でたったひとつの場所だ。商業的植物採集家、採集旅行をまとめた本、そして家族経営の養苗店。ユアン・コックスは、ビルマ（ミャンマー）でファラーと採集活動を行なった[22]。その息子のピーターは、中国がふたたび門戸を開いたあと、1981年に中国ではじめて行なわれた本格的な採集旅行に参加した。現在、ピーターの息子のケネスは、妻と一緒に養苗店を経営している。1998年、ケネスは、ツァンポー峡谷を踏破したキングドン＝ウォードの壮大な旅を再現し、ふたたび数多くのツツジの原生地を見つけた[23]。グレンドイックには、きわめて多様性に満ちたツツジのコレクションがある。そのなかのいくつかの種はコラーに提供され、庭園の種の多様性の底上げに貢献している。

キュー・ガーデンに集められたアザレアの栽培品種の一部。

栽培品種植物は、人間が作り出したものかもしれない。しかしそれを言うなら、スフィンクスやモナリザだって同じではないか。ツツジの栽培品種は芸術作品だ。なかでも、ウォタラー一族やヴィーチ一族のような先駆的種苗家たちとの絆を与えてくれる初期の改良品種は、多くの人が保存を熱望している。名前がつけられた栽培交配種は単一クローンなので、種子によって再生することができない。そのため、これらの品種を保存するには、挿し木を利用して献身的に努力するしかない。多くの栽培品種が永久に消えてしまった。もっとも損害が大きいのは、温室でなければ栽培できないビレアだろう。これらの品種をゼロから再生するのは、ゴッホの贋作を製作する行為に等しい。こうして、サセックスのシェフィールド・パークで、アーチー・スキナーは、昔のゲント・アザレアや、ラスティカの栽培品種をできるだけ多く保存しようと努力している。[24]

こうした努力をみんなが評価しているわけではな

コーンウォール、トレバにて海の方角を望む。ロドデンドロン・アルボレウムの巨木の群生が見える。花を咲かせているのはアルボレウムの交配種。

い。キングドン＝ウォードは、どんな種類であれ、交配種は、純正な品種と並べると見劣りがすると思っていた。[25] 一方、ウォタラー養苗店の経営者、G・H・ピンクニーは1953年に次のように断言している。

すべての栽培者が、もはや庭に植える価値なしと判断して退けた種をなるべくすみやかに排除すれば、アマチュア園芸家は、現在のような素人の目を混乱させるものでなく、もっと数を絞り厳選したリストから、育てたい植物を選べるようになるだろう。[26]

先に挙げた植物園はすべて、多くの栽培品種を保存している。コーンウォールの植物園は、寒さに弱いが美しい栽培品種を保存し、展示している。トレバ・ガーデンには「フレグランティッシマム」、「レディ・アリス・フィッツウィリアム」、「グローリー・オブ・ペンジェーリック」ほか、たくさんのツツジが植えられている。その近くにあるペンジェーリック・ガーデンにもツツジがあふれんばかりに植えられている。一般の人も入園できる。ただし、ナショナルトラストに購入を断られてから、所有者たちはこの庭を少々荒れるにまかせている。そこには偉大な登場人物たちがいるはずだが、どの品種かは正確にはわからなくなってしまった。

中国の百里にこんな伝説がある。ある年、村を大洪水が襲い、水が引いたあと燃料が見つからなくなってしまった。村に住む心やさしい夫婦は、隣人たちの窮状を見かねて、洞窟に入り、石炭に姿を変えた。それ以来ずっと石炭がこの村を温めている。天の妖精は、自分たちの身を投げ打った夫婦に感動して、ふたりを称えて聖なるツツジの花をまき散らした。[27]

もちろんいまでは、化石燃料は祝福であると同時に呪いでもあることがわかっている。地球のあらゆる生態系は、人為的な気候変動によって存続の危機に直面している。中国には、雪宝頂という聖山から雪が消えないかぎり、成都平原の幸福と繁栄は続くということわざがあるが、かつてのような説得力はない。[28] 気候変動によって、すでにインドやネパールのR・アルボレウムの開花時期が大幅に変化している。これによって、花粉を運ぶ動物と花の関係が混乱し、生態系全般に悪影響がおよぶおそれがある。[29] シッキム・ヒマラヤのなかで、ツツジの生長に適した土地は、温暖化が進むにつれ大幅に縮小することが予想されている。[30]

雲南省およびヒマラヤ山脈周辺のツツジの多様性は、小気候［植物の群落や森林地帯、耕地などの狭い範囲に現われる気候」の多様性と、高い尾根や深い涸れ谷によって地域が劇的に分断されていることによって作り出されている。気候変動が、こうした小気候を変化させる一方、多くの種を作り出す要因だった崖や谷などの障壁は、気候変動に反応した多くの種が、これまでの生息域から移動するのを阻むだろう。丘の中腹に生えていた種はそのまま頂上のほうに移動できる。すべての植物の種は、ある一定の環境の幅に耐えることができる。それは、彼らの競争相手がなんであるかにも依るだろう。しかしこの場所も、ほかの場所と同様、人間の活動によってすでに多くの種の生息環境が破壊され、多くの植物が、農地か町に囲まれた小さな土地にしがみつくしかなくなっている。これらの土地が暑すぎるか、乾燥しすぎるようになったとしても、移動は容易でないだろう。ロドデンドロン・バイリエンセは小高い丘の斜面に生育している。丘の頂上は目と鼻の先だが、そこはすでに古ぼけた1軒の山小屋と簡易ゴミ捨て場に占拠されている。気候の温暖化が進めば、複数の種が、確実にこの場所から消えてしまうだろう。野生で生き残るには、周辺の似たような、ただしもっと涼しい場所に種子をまいてもらう必要がある。こうした種の発見にきわめて重要な役割を果たしているのが、地元の熱心な活動家、黄氏だ。彼が経営する小さな養苗店に、こうした種の存続はかかっているようだ。

気候変動が深刻化すれば、種が生育している土地でそのまま彼らを保護することはますます難しくなるだろう。そして自然保護活動家たちは、種をこれからも野生で存続させるには、気候変動の結果、その植物にとって最適となった気候の場所に人為的に移植するしかないのかと自問するに違いない。もちろん、ときにはこういったことがほとんど偶然起きることもある。たとえば、R・ポ

雪のなかのツツジ。エディンバラ王立植物園にて。

水に落ちたツツジの花冠（花弁の集まり）。コーンウォール、トレバにて。

ンティクムはイギリスでは繁栄しているが、原産地であるスペインやポルトガルでは多くの個体群が生態学的限界に到達している。地域の温暖化がゆるやかでもさらに進行すれば、こうした木は生き残るために苦戦を強いられるだろう。ロドデンドロン・トリフロルム（*Rhododendron triflorum*）は、コラーで自然播種し生い茂っている。気候変動がさらに進めば、さらに多くの種が、原産地より移植された土地ですくすくと生育するようになるだろう。

どちらの例も、さらに大きな問題を提起している。R・ポンティクムはすでに遺伝的に変化している。このまま放っておけば、コラーのツツジたちはほぼすべて交配種になるだろう。しかし、過去200年間に行なわれた品種改良の壮大な実験からあきらかなように、交雑は、その植物がすみやかに、わずか数世代のあいだに、あたらしい環境に適応することを可能にする。同様に、自然淘汰も交配種が増えることを後押しする。というのも、生存に有利な遺伝子の組み合わせは、より豊かな多様性のなかから生じるからだ。それが、ツツジのように寿命の長い植物が、急激な気候変動に対処できるたったひとつの方法かもしれない。百里のように、自然に交雑が行われている場所や、コラーのように、人工的に集められたたくさんの種が栽培されている場所から、さまざまな祖先を持つあたらしい進化系統が生まれ、気温が上昇し続ける不安定な世界に適応していくのかもしれない。種苗家たちは、200年間品種改良を重ねて、寒さに強いツツジの栽培種を作り出したが、こんにちの育種家は、厳しい干ばつなどの極端な天候に耐えられる、ツツジのあらたな世代を育てることを目指すだろう。

どこに植えるかを慎重に考え、愛情を込めて世話をすれば、私たちの庭である程度まで固有種や貴重な栽培品種を守ることはできる。なので、複数の大陸にまたがる数多くの庭園で栽培すれば、ツツジをしっかり守ることができると思うかもしれない。しかし、二度にわたる世界大戦のあいだ、あらゆる国から庭師の姿が消え、食用作物を育てるために庭からツツジが追放されたことも忘れてはならない。[31] 第一次世界大戦中、アンソニー・ウォタラー・ジュニアは、ナップヒルの養苗園をつぶして畜産農場にした。[32] 気候変動はすでに地球の食料生産に、直接的にも間接的にも（政策がころころ変更されるために）深刻な影響を及ぼしている。[33] しかしまだ時間はある。そのあいだになんとかしなければ、私たちの庭園の美が必要に迫られてふたたび破壊されてしまう日がやって来る。そして今回は、永久に取り返しのつかないことになるだろう。ほかの多くのものと同様、ツツジの未来は私たちの肩にかかっている。

謝辞

本書を執筆するにあたり、エディンバラ王立植物園の図書館というたぐいまれなる資産におおいに助けられた。そこで、この図書館を設立し維持しているすべての方々に御礼を申し上げたい。本書に掲載したツツジの写真は、エディンバラ王立植物園、キュー・ガーデン、ウィンザー・グレート・パークのヴァレー・ガーデン、ウィズリー・ガーデン、サー・ハロルド・ヒラー・ガーデンズ、リッチモンド・パークのイザベラ・プランテーション、ロスト・ガーデンズ・オブ・ヘリガン、コーンウォールのトレバ・ガーデンで栽培されているコレクションを撮影したものである。エディンバラ王立植物園のルイーズ・ギャロウェイと、個人養苗店のコレクションを見せてくださったイザベラ・プランテーションの管理者の方には、ことのほか感謝している。

　ヴィーチ養苗店のカタログを見るうえで非常に役立ったのは、王立園芸協会のレファレンス・コレクションだった。ほかの写真・図版については、使用許可を求めながら、結局使わなかった数点を含め、ジム・バーラップ、デーヴィッド・チェンバレン博士とマリア・チェンバレン、エヴェラード・ダニエル、ジャネット・ダイアーとエイドリアン・ダイアー、リチャード・エノス博士、ジョン・フォーリー、アニル・ジョーシー博士、タデウシュ・クシバブ、劉傑、エマ・マザー＝パイク、アンドリュー・ミルン、デーヴィッド・パーヴィス、サリー・テルジオール、ジャック・ワーニック、呉増源、ブリッジウォーター美術館、ケアリー・センター、エディンバラ・フォレスト文書館、ゲティ美術館、ハックニー博物館、HESCO、ツツジ協会ポートランド支部、王立園芸協会、王立アイルランドアカデミー、セレクト・ブックス、SEMRA、「サンデースポーツ」、ハーバード大学ウィルソン・アーカイブが提供してくれたものである。

中国の民間伝承を教えてくれたのは、毛康珊博士、呉増源博士、ヤン・リ＝ジュン。エストニアの出来事について教えてくれたのは、ゲオルギー・ヴィクトロフ、ネリ・ヴィクトロヴァ。たいへん貴重な助言と情報を提供してくれたのは、アリソン・ブレムナー博士、デーヴィッド・チェンバレン博士とマリア・チェンバレンご夫妻、ケイト・クリージー博士、ライアン・ダグラス、高連明博士、エリザベス・ジョージアン、イアン・ヘッジ、マ・ヨンペン博士、モニーク・シモンズ博士、ヘリガンのジェームズ・スティーブンス、そしてレベッカ・ヤール博士である。

最後になったが、なにより大切なことがある。本書は、私の妻、ネニヤ・ヴィクトロヴァ・ミルンの愛と支えがなければ、そして妻の母、ネリ・ヴィクトロヴァによる子育ての援助（とスープ）がなければ、執筆されることはなかっただろう。

訳者あとがき

本書はReaktion Books社が刊行するBotanical Seriesの一冊『Rhododendron』の邦訳だ。著者のリチャード・ミルン博士は、エディンバラ大学生物学部で教鞭を執り、ツツジの品種改良をはじめ、さまざまな植物の進化を研究するツツジのスペシャリスト。そのため本書は、ツツジの誕生から未来までを俯瞰する非常にスケールの大きい、読み応えのある一冊となっている。

ツツジは日本人にとってなじみ深い植物ではないだろうか。5月の晴れた日に瀟洒《しょうしゃ》な住宅街を散歩すれば、美しく剪定された生け垣に、赤や白、ピンクの花を咲かせたツツジやサツキがかならず目に留まる。丹精され、整えられた品行方正な優等生、綺麗だけど、ちょっとありきたりで面白みに欠ける……ツツジの愛好家には申し訳ないが、正直なところ、それが、これまで私が抱いていたツツジのイメージだった。

ところが、本書を読みはじめたとたん、そんな紋切り型のイメージは打ち砕かれた。著者は冒頭、ツツジを美しくも危険な毒を秘めた「宿命の美女《ファムファタル》」に喩《たと》える。事実、ツツジには毒がある。紀元前67年には、小国ポントスの伏兵が、ツツジの蜜を利用してローマ軍の兵士たちを「ハニートラップ」にはめ、殲滅したというのだから驚きだ。世界各地で、ツツジは鑑賞以外のさまざまな目的に用いられている。中国雲南省に暮らすナシ族は、古くから宗教儀式にツツジを利用してきた。ヒマラヤ山脈山麓の国々では、ツツジが薬や食材、建築用資材として役立っている。中世ヨーロッパでは、エールビールの醸造に、ホップの代わりにツツジを使った。ツツジが入ったビールには、大麻のように、人をハイにする効果があったという。

姿形もじつにさまざまで、ヒマラヤに自生するR・アルボレウムという種は、樹高20メートルの巨木に生長する。一方、北極や高山などの寒冷地には、岩肌にへばりつくようにして小さな花を咲かせる種も存在する。イギリスでは、現在、R・ポンティクムというツツジが侵略的外来種として物議を醸している。人間のエゴイズムのせいで、ポンティクムは他の生物の生態系を脅かすモンスターになってしまったらしい。ツツジはもともと生命力が並外れて旺盛な植物だ。なにしろ、地球に約6000万年前から――すなわち人類はおろかヒマラヤ山脈よりも古くから――存在し、1000種を超えるツツジ属の仲間は、北半球を中心に、オーストラリアにまで広く分布しているのだから。日本にも、北海道から沖縄まで全国各地にツツジは分布している。イソツツジ、ヨウラクツツジ、セイシカなど、町で目にするものとはひと味違う美を湛えた野生のツツジを探して、山歩きするのも楽しそうだ。ツツジはじつにたくましい、さまざまな顔を持つ魅力的な美女だった。

最後になりましたが、翻訳にあたっては、原書房の中村剛さん、石毛力哉さんにたいへんお世話になりました。心より感謝申し上げます。

2022年4月

竹田円

付録：ツツジの分類表

ツツジ属には1000を超える種が属している。そのため、下位分類を行なうことが科学者や園芸家の手がかりとして必要だ。以下に示す小さな分類表が、この本の読者にとって同じように手がかりになることを願っている。この表は、1996年にエディンバラ王立植物園が発表した分類をほぼ踏襲しているが、明白な科学的証拠が、あるグループを分割すべきと示している場合はそちらに従った。園芸学的に重要なものは、最初に挙げる4つの主要なグループのみである。ときに下位集団が、とくに園芸学的、科学的、文化的意味をもつことがある。

メジャーグループ	サブグループ	分布地域	およその種の数	例
ヒカゲツツジ亜属（有鱗片型）		ほぼ中国／ヒマラヤ山脈周辺	465	フェルギネウム ヒルストゥム シナバリヌム ルギビノスム ラセモスム ユナネンシス マデニイ、 シリアトゥム ダウリクム
	ビレア節	熱帯アジア	313	ジャワニクム ジャスミニフロルム マラヤヌム コノリ
	イソツツジ節	寒冷地	8	トメントスム グロエンランディクム
シャクナゲ亜属（無鱗片型）		ほぼ中国／ヒマラヤ山脈周辺	225	アルボレウム カロフィトゥム フォルトゥネイ グリフィシアヌム 栽培品種 「ピンクパール」 ロデリ・グループ、 「エレノア・カスカート」

	ポンティカ亜節	アジア北東部、黒海、北米	10	ポンティクム マキシムム カタウビエンセ、 アウレウム カウカシクム マクロフィルム デグロニアヌム 「カニンガムズ・ホワイト」
ツツジ亜属		日本、中国	81	インディクム シムシイ キウシアヌム クルメアザレア
レンゲツツジ亜属（減少した）		ほぼ北米（ユーラシアに２種）	16	ルテウム モレ ペリクリメノイデス オクシデンタレ プリノフィルム ゲント モリス ナップヒル エクスベリーのアザレア
	ロドラ節	カナダ、北米（アメリカ）	1	カナデンセ（ヴァセイエはここに分類されていたが現在分類が再検討されている）
バイカツツジ亜属		日本	1	セミバルバトゥム［和名バイカツツジ］のみ
カンディダストルム亜属		アメリカ	1	アルビフロルムのみ
エゾツツジ亜属		アジア北東部、アラスカ	1、または２	カムシャティクム レドウスキアヌム（疑問の余地あり）

セイシカ亜属（減少した）		アジア	5	ホンコンゲンセ レプトスリウム ンガウチャンゲンセ オヴァトゥム ヴィアリイ
チオナストルム・グループ（以前はセイシカ亜属の仲間だった）		アジア.	11	カヴァリエリ カンピオナエ エスクィロリイ フェッデイ ハンコスキイ ヘンリュイ ラトウチェアエ［セイシカ］ モウルマイネンセ スタミネウム トゥトチェラエ
元ヨウラクツツジ属		東アジア、北米	9	ムルティフロルム ピロスム メンジエシイ
分類が再検討されているもの（元レンゲツツジ亜属）		日本、朝鮮、北米など	6	アルブレヒチイ［ムラサキヤシオオツツジ］ シュリッペンバチイ［クロフネツツジ］ クインクエフォリウム［シロヤシオ］ ペンタフィルム ヴァセイエ、ニッポニクム［オオバツツジ］

ツツジの栽培品種となる。

1913年　100年以上続いたヴィーチ商会が閉店。

1918年　アーネスト・ウィルソンが、クルメアザレアの栽培品種50種をイギリスとアメリカにもたらす。

1932年　ジョージ・フォレストが、7回目の採集遠征旅行の直後に中国で亡くなる。フォレストが中国から運んできて品種改良に利用されたツツジの種は100を超えた。

1938年　ダフネ・デュ・モーリアの小説『レベッカ』が出版される。ツツジは、不幸な結末を暗示する凶兆として繰り返し登場する。

1950年　国共内戦で毛沢東が勝利し、ジョゼフ・ロックが飛行機で中国から逃げ出す。共産党の勝利により、中国における商業的採集の時代は終わる。

1981年　中国国内における植物採集旅行が再開される。以後、採集旅行は、科学的調査を目的とするようになり、チームを率いるのは中国人植物学者となる。

1990年　系統発生学者の提言により、イソツツジ属とヨウラクツツジ属がツツジ属に加わる。

2010年　侵略的性格のために、イギリスにおけるロドデンドロン・ポンティクムの植栽が違法とされる。

2011年　ツツジ属としてははじめて、パプアニューギニアの固有種ロドデンドロン・レトロルシピルムの絶滅が正式に宣言される。

2015年　中国四川省の成都で、ロドデンドロン・ポンティクムの全ゲノム塩基配列に関する研究がはじまる。

1753年	リンネが『植物の種誌』を出版する。ツツジ／アザレアの最初の11種が正式に記述される。とはいえ、リンネはアザレア属とツツジ属を分けるという重大な間違いを犯す。
1763年	ロドデンドロン・ポンティクムが、コンラート・ロッディジーズによってイギリスにもたらされる。
1814年	ナサニエル・ウォーリックが、ロドデンドロン・アルボレウムの種を砂糖に詰めてイギリスに送る。
1819年	養苗店で、ツツジの自然交配種がはじめて記録され、「アザレアデンドロン」と命名される。ツツジの品種改良のはかりしれない可能性があきらかになる。
1824年	ツツジ属とアザレア属をひとつにまとめる動きがはじまる。
1830年代	ベルギーで栽培されていたゲント・アザレアという栽培品種のグループが、イギリスに紹介される。
1843年	トマス・ロブを通じて、熱帯原産のビレアというツツジがイギリスに輸入されはじめる。イギリスではヴィーチ商会が、温室用植物としてビレアの品種改良と販売を手がける。
1848 ～ 50年	ジョゼフ・フッカーが、ヒマラヤ山脈からあらたに28種のツツジをもたらす。
1869年	宣教師で植物学者でもあるダヴィッド神父が四川省に到着する。ダヴィッド神父と、彼に続いてやって来たデラヴェ神父の研究を通じて、中国の植物相の豊かさが西欧に認知される。多数のツツジも紹介される。
1892年	栽培品種「ピンクパール」がゴーマー・ウォタラーによって登録される。「ピンクパール」は、史上もっともよく売れた

年表

6000万年前	ツツジの最初の化石証拠
約500万年前	現在の中国西部雲南省およびその周辺で、ツツジが急速に多様化する。ヒマラヤ山脈の隆起が引き金と考えられる。
40万年前	間氷期、ロドデンドロン・ポンティクムはアイルランド西部に自生していた。
紀元前401年	コルキスにて、ギリシア軍がツツジ（ポンティクム、もしくはルテウムだろう）の蜜による集団中毒を起こしたことがクセノフォンによって記録される。ツツジの蜜の中毒に関するはじめての記録。
紀元前67年	ヘプタコメテスの民がミトリダテス王に味方し、ツツジの蜂蜜を使ってローマ兵1000人を骨抜きにする。ローマ兵はその後皆殺しにされた。
西暦1495年	中国の文献にて20種のツツジが特定される。
1656年	ロドデンドロン・ヒルストゥムが、イギリス初の鑑賞用栽培品種となる。
1680年	植物学の文献に、現在ロドデンドロン・インディクム、およびR・ヴィスコスムとして知られる種が記録される。インディクムは（オランダで栽培されたのちに）日本から、ヴィスコスムは北米からもたらされた。
1736年	ロドデンドロン・マキシムムが、北米からイギリスにもたらされる。

写真ならびに図版への謝辞

著者と出版者より、図版の提供と掲載を許可してくれた関係者にお礼を申し上げる。下記に挙げた以外の写真はすべて著者が撮影した。

Richard Ennos, Anton Hardinger via Aroche on Wikimedia, SB Johnny on Wikimedia: p. 41, top row, left to right (bottom row taken by author); Drawn by author, from data supplied by Dr Alison Bremner: p. 85; Bridgwater Museum: p. 93 middle image (others by author); images made available by Andrew Butko via Wikimedia: p. 12; Courtesy of Center for Study of the Life and Work of William Carey, D. D. (1761–1834), William Figure drawn by author using own photos plus photos taken by Jim Barlup (White Ginger), Everard Daniel (Gomer Waterer), Miranda Gun (Mrs Lindsay Smith), Tadeusz Kusibab (Madame Carvalho), and the Portland Chapter of the Rhododendron Society (Trude Webster): p. 85; Carey University, Hattiesburg, Mississippi, usa: p. 68; Dr David Chamberlain: p. 180; Dr Maria Chamberlain: p. 155; Painting by Janet Dyer: p. 207; John Foley and semra: pp. 200, 219; Glass plate negatives 1/4 et 14 for the collectors and 5/4 L 9 from the Forrest archive, Royal Botanic Garden, Edinburgh: pp. 129, 132; Digital image courtesy of the Getty's Open Content Program: p. 94; Photo by Ernest Wilson, courtesy of Arnold Arboretum Horticultural Library of Harvard University: © President and Fellows of Harvard College, Arnold Arboretum Archives: p. 125; Makers of British Botany via Hesperian on Wikimedia: p. 67; Images taken from K. Jessen et al., 'The Interglacial Flora', Proceedings of the Royal Irish Academy, lxB (1959), plate ii: p. 203; Photo courtesy of Liu Jie and Wu Zengyuan: p. 13 (top); Photo courtesy of Dr Anil Joshi and hesco: p. 157; Emma Mather-Pike: p. 169; Courtesy of the Royal Horticultural Society, Lindley Library, with colours added by author: p. 108; Courtesy of the Royal Horticultural Society, Lindley Library: p. 111; Courtesy of The Sunday Sport: p. 212; Dr Salih Terzioğlu: p. 152; Victoria and Albert Museum, London: p. 194; Image conceived by Jack Wernick, and created by Jack Wernick and HalJannenDesign, featuring Hannah Daisy Brandt and Emily Ciotti, © Jack Wernick: p. 188; Image made available by World Imaging via Wikimedia; (Pompey): p. 150.

協会およびウェブサイト

アメリカ・ツツジ協会 THE AMERICAN RHODODENDRON SOCIETY
www.rhododendron.org

アメリカ・アザレア協会 AZALEA SOCIETY OF AMERICA
www.azaleas.org

エディンバラ・ツツジ・モノグラフ
http://data.rbge.org.uk/service/factsheets/Edinburgh_Rhododendron_ Monographs.xhtml

ヘニング氏のツツジとアザレアのページ HENNING'S RHODODENDRON & AZALEA PAGES
www.rhodyman.net/rhodyn.php

hirsutum. ツツジ、アザレア、ビレアに関する情報、ヴァーチャル植物園。HIRSTUM. INFO: ABOUT RHODODENDRONS, AZALEAS AND VIREYAS; A VIRTUAL ARBORETUM
www.hirsutum.info

アメリカ・ツツジ協会定期刊行物、デジタル・アーカイブ JOURNAL OF THE AMERICAN RHODODENDRON SOCIETY: DIGITAL ARCHIVE
http://scholar.lib.vt.edu/ejournals/jars

ニュージーランド・ツツジ協会 NEW ZEALAND RHODODENDRON ASSOCIATION
www.rhododendron.org.nz

ツツジ種保存団体 RHODODENDRON SPECIES CONSERVATION GROUP
www.rscg.org.uk

王立園芸協会、ツツジ、ツバキ、モクレン団体 THE RHS RHODODENDRON, CAMELLIA & MAGNOLIA GROUP
www.rhodogroup-rhs.org

スコットランド・ツツジ協会 THE SCOTTISH RHODODENDRON SOCIETY
www.scottishrhododendronsociety.org.uk

ビレア・ツツジ VIREYA RHODODENDRON
www.vireya.net

もっと知りたい方のために――追加参考文献

Briggs, Roy, *'Chinese' Wilson: A Life of Ernest H. Wilson, 1876–1930* (London, 1993)
Brown, Jane, *Tales of the Rose Tree* (London, 2004)
Desmond, Ray, *Sir Joseph Dalton Hooker, Traveller and Plant Collector* (Woodbridge, 1998)
du Maurier, Daphne, *Rebecca* (London, 1980)
Fforde, Jasper, *Shades of Grey* (London, 2011)
Halliday, Pat, *The Illustrated Rhododendron: Their Classification Portrayed Through the Artwork of Curtis's Botanical Magazine* (London, 2001)
Kingdon-Ward, Francis, *Himalayan Enchantment: An Anthology* (London, 1990)
McLean, Brenda, *George Forrest: Plant Hunter* (Woodbridge, 2004)
Mueggler, Erik, *The Paper Road: Archive and Experience in the Botanical Exploration of West China and Tibet* (Berkeley, ca, and London, 2011)
Musgrave, Toby et al., *The Plant Hunters* (London, 1999)
O'Brien, Seamus, *In the Footsteps of Augustine Henry* (Woodbridge, 2011)
Roper, Lanning, *The Gardens in the Royal Park at Windsor* (London, 1959)
Shephard, Sue, *Seeds of Fortune: A Gardening Dynasty* (London, 2003)
コーツ、アリス『プラントハンター東洋を駆ける――日本と中国に植物を求めて』(遠山茂樹訳、八坂書房、2021 年)
キングドン－ウォード『ツアンポー峡谷の謎』(金子民雄訳、岩波書店、2000 年)
デュ・モーリア『レベッカ』(茅野美ど里訳、新潮社、2008 年)
ローズ、サラ『紅茶スパイ――英国人プラントハンター中国をゆく』(築地誠子訳、原書房、2011 年)

注

序章　美と毒

1　Hui-Lin Li, *The Garden Flowers of China* (New York, 1959); Joseph Needham, *Science and Civilisation in China: Biology and Biological Technology, Part 1, Botany* (Cambridge, 1986), vol. vi, p. 438.
2　E. H. Schafer, 'Li Te-Yü and the Azalea', *Asiatische Studien,* xviii–xix (1965), pp. 105–14; Li, *The Garden Flowers of China.*
3　'Yang Chih Chu' in Chinese; Schafer, 'Li Te-Yü and the Azalea'; Li, *The Garden Flowers of China.*
4　Rose Blight, Private Eye, cdxxxi (23 June 1978), and cdxxiii (3 March 1978).
5　WriteLine llc, 'Washington State Stamps', www.postcardsfrom.com、2015 年 9 月 19 日にアクセス。'Washington State Flower', www.50states.com も参照。2015 年 9 月 19 日にアクセス。
6　'West Virginia State Flower', www.50states.com、2015 年 9 月 19 日にアクセス。
7　Feng Guomei, *Rhododendrons of China* (Beijing, 1988), vol. i, pp. 3–4.

第 1 章　ツツジの性

1　Dr Maria Chamberlain、個人的やり取り。
2　Judith Taylor, *Visions of Loveliness: Great Flower Breeders of the Past* (Athens, oh, 2014), p. 128.
3　D. F. Chamberlain, 'A Revision of Rhododendron. ii. Subgenus Hymenanthes', the Royal Botanic Garden Edinburgh, xxxix (1982) の注記、pp. 265 および 328。
4　R. Cruden and K. Jensen, 'Viscin Threads, Pollination Efficiency and Low Pollen-ovule Ratios', *American Journal of Botany,* lxvi (1979), pp. 875–9.
5　J. Padrutt et al., 'Postpollination Reproductive Biology of *Rhododendron prinophyllum* (Small) Millais', *Journal of the American Society for Horticultural Science*, cxvii (1992), pp. 656–62.
6　カルミア属は、ツツジ属よりヒース（エリカ属およびギョウリュウモドキ属）に近い。K. A. Kron, 'Phylogenetic Relationships of Rhododendroideae (Ericaceae)', *American Journal of Botany*, lxxxiv (1997), pp. 973–80.
7　M. L. Grant et al., 'Is there Such a Thing as *Kalmia x Rhododendron*?', *Journal of the American Society for Horticultural Science,* cxxix (2004), pp. 517–22; M. L. Grant et al., '*Kalmia x Rhododendron* Debunked', RHS *Rhododendron, Camellia and Magnol*ia Yearbook (2005), pp. 25–31.
8　Frederick Street, *Hardy Rhododendrons* (London, 1954), pp. 20 and 67.

9 R. I. Milne et al., 'A Hybrid Zone Dominated by Fertile F1s: Maintenance of Species Barriers in *Rhododendron*', *Molecular Ecology*, xii (2003), pp. 2719–29; R. I. Milne and R. J. Abbott, 'Reproductive Isolation Among Two Interfertile *Rhododendron* Species: Low Frequency of Post-F1 Hybrid Genotypes in Alpine Hybrid Zones', *Molecular Ecology*, xvii (2008), pp. 1108–21.

10 Street, *Hardy Rhododendrons*, p. 87.

11 Ibid., p. 19.

12 Sir Giles Loder, '*Rhododendron* Loderi and its Varieties and Hybrids', www.rhododendrons.com, 1950、2017年1月24日にアクセス。

13 J. G. Melton, *Faiths Across Time: 5,000 Years of Religious History* (Santa Barbara, ca, 2014), p. 1285.

14 Edward Farrington, *Ernest H. Wilson, Plant Hunter* (Boston, ma, 1931), p. 66.

15 N. Kobayashi et al., 'Chloroplast dna Polymorphisms and Morphological Variation in Japanese Wild Azaleas, the Origin of Evergreen Azalea Cultivars', *Acta Horticulturae*, dxxi (2000), pp. 173–8.

16 Ernest Henry Wilson and Alfred Rehder, *A Monograph of Azaleas: Rhododendron Subgenus Anthodendron* (Cambridge, 1921), pp. 6–7 and 34–5; C. Ingram, 'Is Rhododendon kaempferi a Good Species?', The Rhododendron and Camellia Yearbook, X (1956), pp. 28–30.

17 Milne et al., 'A Hybrid Zone Dominated by Fertile F1s'.

18 Milne and Abbott, 'Reproductive Isolation Among Two Interfertile *Rhododendron* Species'.

第2章　アザレアの興亡

1 Dr David Chamberlain、個人的やり取り。

2 Ibid.

3 Chang Chih-Shun et al., 'Notes on Two Ornamentals Cultivated at Yungchhang, Yunnan', Joseph Needham, *Science and Civilisation in China: Biology and Biological Technology, Part 1, Botany* (Cambridge, 1986), vol. vi, p. 438による引用。ニーダムは、これらの種には、R・アウリクラトゥム、R・ムクロナトゥム、R・プルクルムが含まれていたのではないかと述べている。

4 Jakob Breyne, Prodromus Plantarum (1860), p. 24, Ernest Wilson and Alfred Rehder, *A Monograph of Azaleas: Rhododendron Subgenus Anthodendron* (Cambridge, 1921), p. 7による引用。

5 John Ray, *Historia Plantarum* (London, 1704), vol. iii, pp. 491–2; Wilson and Rehder, *A Monograph of Azaleas*, p. 110.

6 一時期、アザレア・ヌディフロラもしくはロドデンドロン・ヌディフロルムと呼ばれていた。これは、現在R・ルテウムと呼ばれている植物ではない。

7 Wilson and Rehder, *A Monograph of Azaleas*, p. 16.

8 John Torrey, *Flora of the Northern and Middle United States* (New York, 1824), vol. i, pp. 423–7.

9 D. F. Chamberlain and S. J. Rae, 'A Revision of *Rhododendron*. iv. Subgenus *Tsutsusi*', *Edinburgh Journal of Botany*, xlvii (1990), pp. 89–200.

10 W. S. Judd and K. A. Kron, 'A Revision of *Rhododendron*. vi. Subgenus *Pentanthera* (sections *Sciadorhodion, Rhodora*, and *Viscidula*)', *Edinburgh Journal of Botany*, lii (1995), pp. 1–54.

11 J. Cullen, 'Naturalised Rhododendrons Widespread in Great Britain and Ireland', *Hanburyana*, v (2011), pp. 11–19; Kenneth Cox, 'Why So Called "R. x superponticum" is Invalid Taxonomy and Has No Scientific Basis', www.glendoick.com, 1 January 2014 も参照。

12 K. A. Kron, 'A Revision of Rhododendron Section Pentanthera', *Edinburgh Journal of Botany*, l (1993), pp. 249–364.

13 D. F. Chamberlain et al., *The Genus Rhododendron: Its Classification and Synonymy* (Edinburgh, 1996).

14 Y. Kurashige et al., 'Sectional Relationships in the Genus *Rhododendron* (Ericaceae): Evidence from *mat*K and *trn*K Intron Sequences', *Plant Systematics and Evolution*, ccxxviii (2001), pp. 1–14; L. Goetsch et al., 'The Molecular Systematics of *Rhododendron* (Ericaceae): A Phylogeny Based Upon rpb2 Gene Sequences', *Systematic Botany*, xxx (2005), pp. 616–26; K. A. Kron, 'Phylogenetic Relationships of Rhododendroideae (Ericaceae)', *American Journal of Botany*, lxxxiv (1997), pp. 973–80. さらに、昆明植物研究所の Lianming Gao 博士の暫定的予想結果もアザレアがツツジと変わらないという上記のすべての意見と一致している。

15 Wilson and Rehder, *A Monograph of Azaleas*, p. 17.

16 K. A. Kron and J. M. King, 'Cladistic Relationships of Kalmia, Leiophyllum, and Loiseleuria (Phyllodoceae, Ericaceae) Based on rbcl and nrits Data', *Systematic Botany*, xxi (1996), pp. 17–29.

17 Donald Hyatt, 'Raising Rhododendrons and Azaleas from Seed', www.tjhsst.edu、2015 年 9 月 19 日にアクセス。'How to Grow and Care for Azalea Bushes', www.gardenersnet.com、2015 年 9 月 19 日にアクセス。

18 B. C. Ellery, 'Ghent Hybrid Azaleas are Hardy in New England', *Arnoldia*, iii (1943), pp. 37–40; 'Rhododendron: The Hybrids / Azalea Hybrids – Deciduous', www.beanstreesandshrubs.org、2015 年 9 月 19 日にアクセス。A. Skinner, 'Rescuing the Ghent and Rustica Flore Pleno Azaleas', *Journal of the American Rhododendron Society*, xxxviii/3 (1984).

19 Henry Arthur Bright, *A Year in a Victorian Garden* (London, 1989), p. 72.

20 'The Ghent Azalea', www.gentseazalea.be, 2013.

21 Skinner, 'Rescuing the Ghent and Rustica Flore Pleno Azaleas'.
22 Nomad, 'Hardy Azaleas', Journal of Horticulture, xxxiii (1877), pp. 449–50.
23 G. D. Waterer, 'Rhododendrons and Azaleas at the Knap Hill Nursery', *Journal of the American Rhododendron Society*, iv/1 (1950).
24 Ibid
25 R. C. Cash, 'Exbury Azaleas – From History To Your Garden', *Journal of the American Rhododendron Society*, xl/1 (1986).
26 Waterer, 'Rhododendrons and Azaleas at the Knap Hill Nursery'.
27 J. H. Clarke, 'Some Trends in the Development of the Knap Hill Azaleas', *Journal of the American Rhododendron Society*, vi/4 (1952).
28 Waterer, 'Rhododendrons and Azaleas at the Knap Hill Nursery'; Frederick Street, *Hardy Rhododendrons* (London, 1954), p. 36.
29 Waterer, 'Rhododendrons and Azaleas at the Knap Hill Nursery'.
30 P. H. Brydon, 'Exbury Azaleas', *Journal of the American Rhododendron Society*, viii/4 (1954); Cash, 'Exbury Azaleas'.
31 Clarke, 'Some Trends in the Development of the Knap Hill Azaleas'.
32 G. H. Pinckney, 'The Knap Hill and Exbury strain of Azaleas', *Journal of the American Rhododendron Society*, vii/1 (1953). ピンクニー氏は、バグショットにあるウォタラー養苗店の経営者だった（当時はジョン・ウォタラー、サンズ&クリスプという名称だった）。
33 R. Henny, 'Book Review (Hardy Rhododendrons by Frederick Street)', *Journal of the American Rhododendron Society*, viii/2 (1954).
34 Skinner, 'Rescuing the Ghent and Rustica Flore Pleno Azaleas'.
35 'Rhododendron: The Hybrids / Azalea Hybrids – Deciduous', www.beanstreesandshrubs.org、2015 年 9 月 19 日にアクセス。

第３章　ツツジ狂騒

1 Frederick Street, *Hardy Rhododendrons* (London, 1954), p. 18.
2 E. H. Wilding, *Index to the Genus Rhododendron* (Stoke Poges, 1920).
3 『プラントハンター東洋を駆ける――日本と中国に植物を求めて』（アリス・M・コーツ著、遠山茂樹訳、八坂書房）
4 Deepak Kumar, 'Botanical Exploration and The East India Company', *The East India Company and the Natural World* 所収、ed. Vinita Damodaran et al. (Basingstoke, 2014), p. 26.
5 コーツ、『プラントハンター』、Kumar, 'Botanical Exploration and The East India Company', p. 27.
6 コーツ、『プラントハンター』
7 同上。

8 W. H. Lang, 'William Griffith, 1810–1845', *Makers of British Botany: A Collection of Biographies by Living Botanists* 所 収、ed. Francis W. Oliver (Cambridge, 1913), p. 179 (of 178–91).

9 コーツ、『プラントハンター』

10 同上。

11 W. and R. Chambers, 'Mr Bruce's Report on Assam Tea', *Chambers Edinburgh Journal*, ii–iii/417 (1840), pp. 2–3.

12 コーツ、『プラントハンター』

13 同上。

14 同上。

15 Frank Kingdon-Ward, 'Botanical Exploration in the Mishmi Hills', *Himalayan Journal*, i (1929).

16 Lang, 'William Griffith, 1810–1845', p. 181.

17 コーツ、『プラントハンター』

18 Lang, 'William Griffith, 1810–1845', p. 181.

19 Euan Cox, *Plant Hunting in China* (London, 1945), pp. 70–71.

20 Robert Fortune, *Three Years of Wandering in the Northern Provinces of China* (London, 1847), p. 392 〜。『紅茶スパイ――英国人プラントハンター中国をゆく』(サラ・ローズ著 、築地誠子訳、原書房)

21 ローズ、『紅茶スパイ』、Toby Musgrave et al., *The Plant Hunters* (London, 1999), pp. 119–21.

22 Fortune, *Three Years of Wandering in the Northern Provinces of China*、ローズ、『紅茶スパイ』。

23 Cox, *Plant Hunting in China*, pp. 82–9.

24 Joseph Hooker, *Himalayan Journals: Notes of a Naturalist*,1999 edn (New Delhi, 1999), vol. i, p. 117.

25 Ray Desmond, *Sir Joseph Dalton Hooker, Traveller and Plant Collector* (Woodbridge, 1998), pp. 122–9. vol. i, pp. 285, 300 その他。

26 Ibid., pp. 292–3.

27 Ibid., p. 295.

28 'Pre-Independence', www.darjeeling.gov.in、2015 年 9 月 19 日にアクセス。

29 Leonard Huxley, ed., *The Life and Letters of Sir Joseph Dalton Hooker* (London, 1918), vol. i, pp. 309–10.

30 Desmond, *Sir Joseph Dalton Hooker*, p. 155.

31 Huxley, *The Life and Letters of Sir Joseph Dalton Hooker,* vol. i, p. 313.

32 Hooker, *Himalayan Journals,* vol. ii, p. 209.

33 Musgrave et al., *The Plant Hunters*, p. 96.

34 Ibid., pp. 83–96.

35 Huxley, *The Life and Letters of Sir Joseph Dalton Hooker,* vol. i, p. 313.
36 Musgrave et al., *The Plant Hunters*, p. 97.
37 Joseph Hooker, *Rhododendrons of the Sikkim Himalayas* (London, 1849–51). 2 巻本として出版された。
38 Desmond, *Sir Joseph Dalton Hooker*, p. 274.
39 Street, *Hardy Rhododendrons,* p. 72.
40 Ibid., pp. 72 and 34.
41 Ibid., pp. 79 and 69.
42 Sue Shephard and Tony Musgrave, *Blue Orchid and Big Tree* (Bristol, 2014), p. 81.
43 Street, *Hardy Rhododendrons,* pp. 39–40.
44 'Rhododendron "Britannia"', www.hirsutum.info、2015 年 9 月 19 日にアクセス。
45 Street, *Hardy Rhododendrons*, p. 54、『花の名物語 100』(ダイアナ・ウェルズ著、矢川澄子訳、大修館書店)。
46 Street, *Hardy Rhododendrons,* p. 52.
47 Judith Taylor, *Visions of Loveliness: Great Flower Breeders of the Past* (Athens, oh, 2014), p. 130.
48 Street, *Hardy Rhododendrons,* pp. 53–5.
49 'HL Deb 26 November 1963 vol 253 cc606–33', http://hansard.millbanksystems.com, 26 November 1963
50 Street, *Hardy Rhododendrons*, p. 52.
51 C. L. Justice, 'The Victorian Rhododendron Story', *Journal of the American Rhododendron Society,* liii/3 (1999). ジャスティスは、ジャーメイン・グリアが 1978 年から 79 年にかけて、「ローズ・ブライト」というペンネームで『プライベート・アイ』という雑誌に連載していた 34 のコラムからの引用だとしているが、コラムにはこの発言は見当たらなかった。
52 Street, *Hardy Rhododendrons*, pp. 56–7.
53 これは、それぞれの種を、直接また間接的に含む記録された交配種の分析に基づいている。www.hirsutum.info、2015 年 8 月中にアクセス。
54 グリフィティアヌムの発見者はグリフィスだが、運んできたのはフッカーである。
55 Bean, *Trees and Shrubs Hardy in the British Isles*, p. 348.
56 たとえば、'How We Propagate our Plants', www.rhododendrons.co.uk、2015 年 9 月 19 日にアクセス。
57 'Rhododendron campylocarpum ssp campylocarpum', www.hirsutum.info、2015 年 9 月 19 日にアクセス。
58 Street, *Hardy Rhododendrons,* p. 37.
59 Wilding, *Index to the Genus Rhododendron,* 1920.
60 Charles Williams, 'rhs Lecture – "The Smellies"', www.caerhays.co.uk、2015 年 9 月 19 日にアクセス。

61 このルールにあてはまらないと考えられている品種がふたつあるが、どちらも園芸植物としてすぐれているとは言えない。そして著者は、これらのほんとうの親について懐疑的である。
62 Williams, 'rhs Lecture – "The Smellies"', www.caerhays.co.uk、2015 年 9 月 19 日にアクセス。
63 James Veitch & Sons Ltd, *Catalogue of Plants* (London, 1869), p. 54.
64 Williams, 'rhs Lecture – "The Smellies"', www.caerhays.co.uk、2015 年 9 月 19 日にアクセス。Abbie Jury, 'Fragrant Rhododendrons', www.jury.co.nz, 6 July 2012.
65 'Rhododendron "Praecox"', www.hirsutum.info、2015 年 9 月 19 日にアクセス。Street, *Hardy Rhododendrons*, p. 67.
66 'Rhododendron ciliatum', www.hirsutum.info、2015 年 9 月 19 日にアクセス。
67 C. J. Hebert et al., 'In Vitro Regeneration of *Rhododendron* "Fragrantissimum Improved"', sna *Research Conference*, liv (2009), pp. 460–63.
68 『ツアンポー峡谷の謎』(F. キングドン-ウォード著、金子民雄訳、岩波書店)
69 www.hirsutum.info の情報。2015 年 9 月 19 日にアクセス。
70 G. Bell, 'Halfdan Lem, Hybridizer', *Journal of the American Rhododendron Society*, xxxi/1 (1977).
71 Susan Stamberg, 'Impressionist Hero Edouard Manet Gets The Star Treatment In Los Angeles', www.npr.org, 27 February 2015.
72 'Mauveine – The Discovery and Inventor', www.rsc.org、2015 年 9 月 19 日にアクセス。
73 'The Mauve Measles', *Punch Magazine* (20 August 1859), p. 81.
74 'The Story of the *Rhododendron niveum*', www.heligan.com、2015 年 9 月 19 日にアクセス。

第４章　温室の感動

1 Sue Shephard, *Seeds of Fortune: A Gardening Dynasty* (London, 2003), pp. 1–30; James Herbert Veitch, *Hortus Veitchii: A History of the Rise and Progress of the Nurseries of Messrs. James Veitch and Sons, together with an Account of the Botanical Collectors and Hybridists Employed by them and a List of the Most Remarkable of their Introductions* (London, 1906), p. 8.
2 Shephard, *Seeds of Fortune*, pp. 15–30.
3 Ibid., pp. 30 and 39–40.
4 Ibid., pp. 45 and 63; Veitch, *Hortus Veitchii*, p. 99.
5 Ray Desmond, *Kew: The History of the Royal Botanic Gardens* (London, 1998), pp. 127–49.
6 『歴史を変えた種——人間の歴史を創った５つの植物』(ヘンリー・ホブハウス著、阿部三樹夫、森仁史共訳、パーソナルメディア)

7 Desmond, *Kew,* p. 156 ～ ; Shephard, *Seeds of Fortune,* pp. 42, 71.
8 Toby Musgrave et al., *The Plant Hunters* (London, 1999), p. 21.
9 Shephard, *Seeds of Fortune*, p. 74.
10 Veitch, *Hortus Veitchii*, p. 37; Sue Shephard and Toby Musgrave, *Blue Orchid and Big Tree* (Bristol, 2014), pp. 22–3.
11 Veitch, *Hortus Veitchii,* pp. 38–9.
12 W. Magor, 'A History of Rhododendrons', *Journal of the American Rhododendron Society*, xliv/4 (1990).
13 Shephard and Musgrave, *Blue Orchid and Big Tree,* pp. 42–6.
14 George Argent, *Rhododendrons of Subgenus Vireya* (London, 2006), p. 121.
15 Veitch, *Hortus Veitchii,* p. 42; Shephard and Musgrave, *Blue Orchid and Big Tree,* p. 50.
16 Joseph Hooker, *Himalayan Journals: Notes of a Naturalist,*1999 edn (New Delhi, 1999), vol. ii, p. 242.
17 Veitch, *Hortus Veitchii,* p. 448; Toby Musgrave et al., *The Plant Hunters,* p. 146.
18 Veitch, *Hortus Veitchii,* pp. 99–101, 106–9 and 86.
19 G. Henslow, 'Hybrid Rhododendrons', *Journal of the Royal Horticultural Society,* viii (1891), pp. 240–830.
20 Ibid., p. 241.
21 Ibid., p. 247.
22 Ibid., p. 269.
23 Ibid., p. 241.
24 ヘンズローが 'Hybrid Rhododendrons' に記述したすべての交配種に基づいている。
25 Henslow, 'Hybrid Rhododendrons', p. 250.
26 Ibid. pp. 256–8, 257 and 255.
27 Veitch, *Hortus Veitchii*, p. 27.
28 Shephard, *Seeds of Fortune,* p. 81.
29 Veitch, *Hortus Veitchii,* p. 27.
30 Shephard, *Seeds of Fortune,* pp. 167–8.
31 Veitch, *Hortus Veitchii*, pp. 37–44.
32 Ibid., pp. 49–50; Shephard, *Seeds of Fortune*, p. 169.
33 Veitch, *Hortus Veitchii,* p. 27; Shephard, *Seeds of Fortune,* p. 194
34 Veitch, *Hortus Veitchii, p.* 91.
35 Chris Callard, 'The History of Vireya Rhododendron Culture', www.vireya.net, 28 January 2015.
36 Shephard, *Seeds of Fortune,* pp. 258, 273.
37 Protheroe and Morris, 'A Catalogue of the First Portion of the Unusually Well-grown Nursery Stock Cultivated with so much Success at this Famous Nursery,

and in Which Will be Found Examples of the Varieties、Messrs. j. veitch & sons' Unique Collection of New and Rare Plants' (London, 1913) 所収。

38 'In Memoriam. James Leonard Veitch', *Kew Guild Journal,* iii/26 (1919), www.kewguild.org.uk; 'John Leonard Veitch', www.cwgc.org、2016 年 2 月 18 日にアクセス。名前は異なるが、あきらかに同一人物のことだ。

39 Shephard, *Seeds of Fortune*, p. 279; 'Anna Mildred Veitch (1889–1969)', www.devongardenstrust.org.uk、2015 年 9 月 19 日にアクセス。Caradoc Doy, 'Veitch Family History', www.stbridgetnurseries.co.uk、2015 年 9 月 19 日にアクセス。

40 Chris Callard, 'Vireya Hybrid Lists', www.vireya.net, 28 January 2015.

41 Argent, *Rhododendrons of Subgenus Vireya.*

42 G. K. Brown et al., 'Phylogeny of Rhododendron Section Vireya (Ericaceae) Based on Two Non-coding Regions of cpdna', *Plant Systematics and Evolution*, cclvii (2006), pp. 57–93; L. A. Goetsch et al., 'Major Speciation Accompanied the Dispersal of Vireya Rhododendrons (Ericaceae, *Rhododendron* sect. *Schistanthe*) through the Malayan Archipelago: Evidence from Nuclear Gene Sequences', *Taxon*, lx (2011), pp. 1015–28.

43 Argent, *Rhododendrons of Subgenus Vireya.*

44 Ibid.

45 Goetsch et al., 'Major Speciation Accompanied the Dispersal of Vireya Rhododendrons'.

46 Ronald Blakey, 'Paleogeographic Globes – Miocene', www2.nau.edu、2015 年 9 月 19 日にアクセス。

47 Section *Vireya* (or *Schistanthe*) of subgenus *Rhododendron*. マレーシア諸島全域で、ビレアでないツツジは、スマトラ島に自生するシャクナゲ亜属の 2 種のみである。

第５章　ツツジのふるさと

1 Euan Cox, *Plant Hunting in China* (London, 1945), p. 68.

2 Ibid., pp. 98–100, 138.

3 James Herbert Veitch, *Hortus Veitchii: A History of the Rise and Progress of the Nurseries of Messrs. James Veitch and Sons, together with an Account of the Botanical Collectors and Hybridists Employed by them and a List of the Most Remarkable of their Introductions* (London, 1906), pp. 96 and 138.

4 Cox, *Plant Hunting in China*, pp. 112–15; 'Père David – Jean Pierre Armand David (1826–1900)', www.plantexplorers.com、2015 年 9 月 19 日にアクセス。

5 Ibid.

6 W. Magor, 'A History of Rhododendrons', *Journal of the American Rhododendron Society,* xliv/4 (1990).

7 Adrien Franchat, *Plantae Delavayanae. Plantes de Chine recueillies au |unnan par l'Abbé*

Delavay (Paris, 1889).

8 Cox, *Plant Hunting in China*, pp. 115–18; 'Père Jean Marie Delavay (1834–1895)', www.plantexplorers.com、2015 年 9 月 19 日にアクセス。

9 Cox, *Plant Hunting in China*, pp. 119–20; 'Père Paul Guillaume Farges (1844–1912)', www.plantexplorers.com、2015 年 9 月 19 日にアクセス。

10 Seamus O'Brien, *In the Footsteps of Augustine Henry* (Woodbridge, 2011), p. 233.

11 Roy W. Briggs, *'Chinese' Wilson: A Life of Ernest H. Wilson, 1876–1930* (London, 1993). 12 Cox, *Plant Hunting in China*, p. 138.

13 Toby Musgrave et al., *The Plant Hunters* (London, 1999), pp. 157–8.

14 Briggs, '*Chinese' Wilson*, pp. 20–23.

15 Ibid., pp. 23–4.

16 Ibid., p. 29.

17 Ibid., pp. 60–73.

18 Ibid., p. 73.

19 Musgrave et al., *The Plant Hunters,* p. 171.

20 Edward Farrington, Ernest H. Wilson, Plant Hunter (Boston, ma, 1931), p. 66、同書第 1 章も参照。

21 Briggs, *'Chinese' Wilson,* pp. 80 、91–2 の写真を参照のうえ、ご自身で判断されたい。

22 Ernest Wilson and Alfred Rehder, *A Monograph of Azaleas: Rhododendron Subgenus Anthodendron* (Cambridge, 1921).

23 Briggs, *'Chinese' Wilson; Cox, Plant Hunting in China,* p. 150.

24 Cox, *Plant Hunting in China,* pp. 173–6.

25 Ibid., pp. 177–8.

26 Ibid., p. 177.

27 2 冊の本は、*On the Eaves of the World* (London, 1917) と、*The Rainbow Bridge* (London, 1921).

28 Cox, *Plant Hunting in China*, pp. 178–9.

29 R. E. Cooper et al., eds, *George Forrest*, V.M.H., 1873–1932 (Haddington, 1935), p. 11; Brenda McLean, *George Forrest, Plant Hunter* (Woodbridge, 2004), p. 22.

30 Musgrave et al., *The Plant Hunters,* p. 178. フォレストは薬局で修行しているときに標本の作り方を学んだ。オーストラリアのゴールド・ラッシュにも参加したが、たいした収穫はあげられなかった。

31 バリーはビーズ種苗店を経営していた。とくにサクラソウを好んだため、フォレストの最初の採集活動では、サクラソウ属の採集に重点が置かれた。バリーとフォレストは、フォレストの 2 回目の遠征の最中に、金銭問題が原因で決裂した。

32 Musgrave et al., *The Plant Hunters,* p. 181.

33 Ibid.

34 Cox, *Plant Hunting in China*, pp. 119–20.

35 Musgrave et al., *The Plant Hunters*, p. 184.
36 Ibid.; Cooper et al., *George Forrest*, pp. 31–2.
37 Cooper et al., *George Forrest,* pp. 31–7.
38 Ibid., p. 33.
39 Brenda McLean, *George Forrest, Plant Hunter*, p. 70.
40 Erik Mueggler, *The Paper Road: Archive and Experience in the Botanical Exploration of West China and Tibet* (Berkeley, ca, and London, 2011), p. 23.
41 Cooper et al., *George Forrest*, pp. 33–4.
42 Ibid., p. 22; Mueggler, *The Paper Road*, p. 142.
43 'George Forrest (1873–1932)', www.plantexplorers.com、2015 年 9 月 19 日にアクセス。
44 Mueggler, *The Paper Road,* pp. 8–9, 46.
45 E. H. Wilding, *Index to the Genus Rhododendron* (Stoke Poges, 1920).
46 Cooper et al., *George Forrest*, p. 83; Mueggler, *The Paper Road,* pp. 24, 34, 127–30、および注 39。
47 Mueggler, *The Paper Road,* pp. 114, 119, 143 、およびその他。
48 McLean, *George Forrest, Plant Hunter*, p. 145.
49 'George Forrest (1873–1932)', www.plantexplorers.com.
50 McLean, *George Forrest, Plant Hunter*, pp. 185–8.
51 Musgrave et al., *The Plant Hunters*, p. 193.
52 K. C. Nixon and W. L. Crepet, 'Late Cretaceous Fossil Flowers of Ericalean Affinity', *American Journal of Botany*, lxxx (1993), pp. 616–23.
53 S. E. Smith and D. J. Read, *Mycorrhizal Symbiosis,* 3rd edn (London, 2008).
54 W. Tian et al., 'Diversity of Culturable Ericoid Mycorrhizal Fungi of *Rhododendron decorum* in Yunnan, China', *Mycologia,* ciii (2011), pp. 703–9.
55 D. J. Read and J. Perez-Moreno, 'Mycorrhizas and Nutrient Cycling in Ecosystems – A Journey Towards Relevance?', *New Phytologist*, clvii (2003), pp. 475–92; J.W.G. Cairney and A. A. Meharg, 'Ericoid Mycorrhiza: A Partnership that Exploits Harsh Edaphic Conditions', *European Journal of Soil Science*, liv (2003), pp. 735–40; J. Cornelissen et al., 'Carbon Cycling Traits of Plant Species are Linked with Mycorrhizal Strategy', *Oecologia*, cxxix (2001), pp. 611–19.
56 Cooper et al., *George Forrest,* p. 71.
57 R. Zetter and M. Hesse, 'The Morphology of Pollen Tetrads and Viscin Threads in Some Tertiary, *Rhododendron*-like Ericaceae', *Grana,* xxxv (1996), pp. 286–94.
58 Y. Kurashige et al., 'Sectional Relationships in the Genus *Rhododendron* (Ericaceae): Evidence from *mat*K and *trn*K Intron Sequences', *Plant Systematics and Evolution*, ccxxviii (2001), pp. 1–14; L. Goetsch et al., 'The Molecular Systematics of *Rhododendron* (Ericaceae): A Phylogeny Based Upon rpb2 Gene Sequences',

Systematic Botany, xxx (2005), pp. 616–26; Lianming Gao、未公開データ。

59 ヒカゲツツジ亜属とシャクナゲ亜属が分岐した時期を示しているデータは、R. I. Milne, 'Phylogeny and Biogeography of *Rhododendron* Subsection *Pontica*, a Group with a Tertiary Relict Distribution', *Molecular Phylogenetics and Evolution,* xxxiii (2004), pp. 389–401. ツツジ亜属はこれより早い時期に分岐していたかもしれない。Kurashige et al., 'Sectional Relationships in the Genus Rhododendron'; Goetsch et al., 'The Molecular Systematics of *Rhododendron*'; K. A. Kron, 'Phylogenetic Relationships of *Rhododendroideae* (Ericaceae)', *American Journal of Botany*, lxxxiv (1997), pp. 973–80.

60 Milne, 'Phylogeny and Biogeography of *Rhododendron* Subsection *Pontica*'.

61 R. I. Milne, 'Northern Hemisphere Plant Disjunctions: A Window on Tertiary Land Bridges and Climate Change?', *Annals of Botany*, xcviii (2006), pp. 465–72.

62 Milne, 'Phylogeny and Biogeography of *Rhododendron* Subsection *Pontica*'.

63 T. M. Harrison et al., 'Raising Tibet', *Science*, cclv (1992), pp. 1663–70.

64 Milne, 'Phylogeny and Biogeography of *Rhododendron* Subsection *Pontica*'.

65 McLean, *George Forrest, Plant Hunter*, p. 141.

66 Hannah Wilson、未公開データ、R. I. Milne et al., 'Phylogeny of *Rhododendron* Subgenus *Hymenanthes* Based on Chloroplast dna Markers: Between-lineage Hybridisation During Adaptive Radiation?', *Plant Systematics and Evolution*, cclxxxv (2010), pp. 233–44.

67 Dr David Chamberlain、個人的やり取り。

68 Cox, *Plant Hunting in China,* pp. 181–3 に、1938 年までの年表が簡潔にまとめられている。Musgrave et al., The Plant Hunters, pp. 199–215 も参照。

69 Cox, *Plant Hunting in China*, pp. 180–89.

70 Musgrave et al., *The Plant Hunters*, pp. 202–13.

71 Ibid., p. 215.

72 『ツアンポー峡谷の謎』(F. キングドン－ウォード著、金子民雄訳、岩波書店)

74 Jean Kingdon-Ward, *My Hill So Strong* (London, 1952).

75 Frank Kingdon-Ward, 'The Kingdon Ward Expedition to Assam', *Journal of the American Rhododendron Society,* v/1 (1951).

76 Musgrave et al., *The Plant Hunters*, p. 215.

77 'Yu, Te-Tsun (1908–1986)', https://plants.jstor.org, 19 April 2013.

78 De-Yuan Hong and Stephen Blackmore, eds, *The Plants of China* (Cambridge, 2015).

79 Weng Pei Fang, '*Rhododendron youngia*e', *Contributions from the Biological Laboratory of the Science Society of China. Botanical Series*, xii (1939), p. 24.

80 Mueggler, *The Paper Road,* p. 16.

81 Dr David Chamberlain、個人的やり取り。

82 Ibid.

83 Peter Cox and Peter Hutchison, *Seeds of Adventure: In Search of Plants* (Woodbridge, 2008).

84 Dr David Chamberlain、個人的やり取り。

85 Ibid.

86 'Gao Lianming's Group', http://english.kib.cas.cn、2015 年 9 月 19 日にアクセス。.

87 'Publications Authored by Jianquan Liu', www.pubfacts.com を参照。2015 年 9 月 19 日にアクセス。

第６章　ツツジの薬効と毒

1 A. Dampc and M. Luczkiewicz, '*Rhododendron tomentosum (Ledum palustre)*. A Review of Traditional Use Based on Current Research', *Fitoterapia,* lxxxv (2013), pp. 130–43.

2 Adrienne Mayor, 'Mithradates: Scourge of Rome', *History Today*, lix (2009), pp. 10–15.

3 'The Pontos Kingdom', www.kultur.gov.tr、2015 年 9 月 19 日にアクセス。

4 Adrienne Mayor, 'Mad Honey!', *Archaeology*, xlviii (1995), pp. 32–40.

5 Anja These et al., 'A Case of Human Poisoning by Grayanotoxins Following Honey Ingestion: Elucidation of the Toxin Profile by Mass Spectrometry', *Food Additives & Contaminants: Part A,* xxxii (2015), pp. 1674–84.

6 Mayor, 'Mad Honey!'; Laïd Boukraâ, *Honey in Traditional and Modern Medicin*e (Boca Raton, f l, 2013), p. 396.

7 Mayor, 'Mithradates: Scourge of Rome'.

8 D. Leach, 'That's Why the Lady is a Tramp', *Journal of the American Rhododendron Society*, xxxvi/4 (1982).

9 S. A. Jansen et al., 'Grayanotoxin Poisoning: "Mad Honey Disease" and Beyond', *Cardiovascular Toxicology,* xii (2012), pp. 208–15.

10 『アナバシス――敵中横断 6000 キロ』（クセノポン著、松平千秋訳、岩波書店）

11 H. Demir et al., 'Mad Honey Intoxication: A Case Series of 21 Patients', isrn *Toxicology* (2011), article id 526426.

12 Jansen et al., 'Grayanotoxin Poisoning'; Mayor, 'Mad Honey!'.

13 These et al., 'A Case of Human Poisoning by Grayanotoxins'; Demir et al., 'Mad Honey Intoxication'.

14 Joseph Hooker, *Himalayan Journals: Notes of a Naturalist,* 1999 edn (New Delhi, 1999), vol. i, p. 201; Matt, 'Raw Honey Almost Killed Me!!!!', www.bees-and-beekeeping.com、2015 年 9 月 19 日にアクセス。

15 Demir et al., 'Mad Honey Intoxication'; 'Ever Heard of Mad Honey?' www.hehasawifeyouknow.tumblr.com, 8 May 2012.

16 Laïd Boukraâ, *Honey in Traditional and Modern Medicine,* p. 396. シアトルの男性が中

毒を起こした原因はカルミア属〈そして／または〉ツツジ属が原因だろう。

17 Mayor, 'Mad Honey!'

18 Ibid.; Hooker, *Himalayan Journals*, vol. i, p. 201.

19 Mayor, 'Mad Honey!'

20 E. Georgian and E. Emshwiller, '*Rhododendron* Uses and Distribution of this Knowledge within Ethnic Groups in Northwest Yunnan Province, China', *Open Journal of Social Sciences*, iv (2016), pp. 138–50.

21 Council of Scientific and Industrial Research, *The Wealth of India* (New Delhi, 1972), vol. ix, p. 14.

22 A. Paul et al., 'Utilization of Rhododendrons by Monpas in Western Arunachal Pradesh, India', *Journal of the American Rhododendron Society*, lxiv/2 (2010).

23 Narayan Mahanandar, *Plants and People of Nepal* (Portland, or, 2002), p. 395; Pooja Bhula, 'Buransh: The Delicious and Intoxicating Rhododendron Juice of Uttarakhand', www.dnaindia.com, 20 February 2014.

24 A. D. Kharwal and D. S. Rawat, 'Ethnobotanical Studies and Distribution of Different *Rhododendron* Species in Himachal Pradesh, India', *Plant Sciences Feed*, iii (2013), pp. 46–9; Mahanandar, *Plants and People of Nepal*, p. 394.

25 Bhula, 'Buransh: The Delicious and Intoxicating Rhododendron Juice of Uttarakhand', www.dnaindia.com.

26 Karen Coates, 'Rhododendron Wine', www.ramblingspoon.com, 19 January 2008; David Chamberlain、個人的やり取り。

27 Council of Scientific and Industrial Research, *The Wealth of India* は、そのように報じつつも、信憑性については疑いを表明している。

28 S. P. Ambasta et al., *The Useful Plants of India* (New Delhi, 1986), p. 522.

29 Jansen et al., 'Grayanotoxin Poisoning'.

30 S. M. Jeong et al., 'A Case of Systemic Toxicity that Occurred in an Adult who Intentionally Ingested *Rhododendron schlippenbachii*', *Journal of Korean Society and Clinical Toxicology*, vii (2009), pp. 180–82.

31 Toby Musgrave et al., *The Plant Hunters* (London, 1999), p. 202.

32 W. Klein-Schwartz and T. Litovitz, 'Azalea Toxicity: An Overrated Problem?', *Journal of Toxicology: Clinical Toxicology*, xxiii (1985), pp. 91–101.

33 Dr Rebecca Yahr, Royal Botanic Garden, Edinburgh、個人的やり取り。; Leach, 'That's Why the Lady is a Tramp'.

34 Jean Bruneton, *Toxic Plants Dangerous to Humans and Animals* (Andover, 1999), p. 254.

35 L. M. Milewski and S. F. Kahn, 'An Overview of Potentially Lifethreatening Poisonous Plants in Dogs and Cats', *Journal of Veterinary Emergency and Critical Care*, xvi (2006), pp. 25–33.

36 V. Beasley, 'Andromedotoxin (Grayanotoxin) - Containing plants (Heath, Ericaceae plant family)', *Veterinary Toxicology*, ed. V. Beasley (Ithaca, n\, 1999) 所収、Bruneton, *Toxic Plants Dangerous to Humans and Animals*, p. 254; Leach, 'That's Why the Lady is a Tramp'.

37 Marianna Kneller, *The Book of Rhododendrons* (Newton Abbott, 1995), p. 104.

38 Pat Halliday, *The Illustrated Rhododendron: Their Classification Portrayed Through the Artwork of Curtis's Botanical Magazine* (London, 2001), p. 126.

39 I. Hough, '*Rhododendron* Poisoning in a Western Gray Kangaroo', *Australian Veterinary Journal*, lxxv (1997), pp. 174–5; J. E. Crawford, '*Rhododendron* Poisoning in Alpacas (Correspondence)', *Veterinary Record*, cxliv (1999), p. 680; R. M. Miller, 'Azalea Poisoning in a Llama: A Case Report', *Veterinary Medicine, Small Animal Clinician*, lxxvi (1981), p. 104; Sérgio Farias Vargas Junior et al., '*Rhododendron simsii* Poisoning in Goats in Southern Brazil', *Ciência Rural*, xliv (2014), pp. 1249–52.

40 D. H. Black, 'Rhododendron Poisoning in Sheep', *Veterinary Record*, lxxviii (1991), pp. 363–4

41 Ryan Douglas, University of Edinburgh、個人的やり取り。; S. Casteel and J. Wagstaff, '*Rhododendron macrophyllum* Poisoning in a Group of Goats and Sheep', *Veterinary and Human Toxicology*, xxxi (1989), pp. 176–7.

42 Aly Balsom, 'Sheep Farmers Warned about Rhododendron Poisoning', www.fwi.co.uk, 8 December 2010.

43 Ryan Douglas, University of Edinburgh、個人的やり取り。

44 'Rhododendron Poisoning', http://blog.tarset.co.uk, 6 January 2010; Irene Ramsay and Lorraine, 'Poisonous Plant Antidotes', www.goatworld.com、2015 年 9 月 19 日にアクセス。Molly Nolte, 'Goat Medications: Natural & Alternative Treatments & Medicines', https://fiascofarm.com, p. 3、2015 年 9 月 19 日にアクセス。David Mackenzie, *Goat Husbandry* (London, 2011).

45 Mahanandar, *Plants and People of Nepal*, p. 395.

46 Rebecca Pradhan, 'Wild Rhododendrons of Bhutan', in *Rhododendrons in Horticulture and Science*, ed. G. Argent and M. McFarlane (Edinburgh, 2003), pp. 37–41.

47 R. Sõukand et al., 'Uninvited Guests: Traditional Insect Repellents in Estonia Used Against the Clothes Moth *Tineola Bisselliella*, Human Flea *Pulex Irritons* and Bedbug *Cimex Lectularius*', *Journal of Insect Science*, X (2010), article 150; Manuel Pardo-de-Santayana et al., *Ethnobotany in the New Europe: People, Health and Wild Plant Resources* (Oxford and Brooklyn, NY, 2010), pp. 274–6; 'Rahvapärased taimenimetused: Sookail' and 'Rahvapärased taimenimetused: Sookael', http://herba.folklore.ee、2015 年 9 月 22 日にアクセス。(エストニア語からの翻訳).

48 Dampc and Luczkiewicz, '*Rhododendron tomentosum* (*Ledum palustre*)'.

49 Ibid.

50 James A. Klocke et al., 'Grayanoid Diterpene Insect Antifeedants and Insecticides from *Rhododendron molle*', *Phytochemistry*, xxx (1991), pp. 1797–800; G. H. Zhong et al., 'Studies on Extracts of *Rhododendron molle* as Oviposition Deterrentants and Ovicides against *Plutella xylostella* L. (Lepidoptera: Plutellklae)', *Journal of South China Agricultural University*, xxi (2000), pp. 40–43.

51 Ambasta et al., *The Useful Plants of India*, pp. 519–20; Pradhan, 'Wild Rhododendrons of Bhutan', pp. 37–41.

52 Georgian and Emshwiller, 'Rhododendron Uses'.

53 Kent Lightfoot and Otis Parish, *California Indians and Their Environment* (Berkeley, ca, 2009), p. 231.

54 Council of Scientific and Industrial Research, *The Wealth of India*, pp. 14–16; C. Justice, 'Sikkim Experiences', *Journal of the American Rhododendron Society*, xlvi/1 (1992); Hooker, *Himalayan Journals*, vol. ii, p. 150.

55 Pradhan, 'Wild Rhododendrons of Bhutan', pp. 37–41.

56 Mahanandar, *Plants and People of Nepal*, p. 395; A.R.K. Satry and P. K. Hadra, *Rhododendrons in India: Floral & Foliar Splendour of the Himalayan Flora* (Hyderabad, 2010), p. 8.

57 'A History of the Rhododendron Festival', www.rhodyfestival.org、2015 年 9 月 19 日にアクセス。'Native Plants Associated with Sudden Oak Death (sod) and their use by California Indians – Fact Sheet No. 14', www.suddenoakdeath.org、2015 年 9 月 19 日にアクセス。

58 Erik Mueggler, *The Paper Road*: Archive and Experience in the Botanical Exploration of West China and Tibet (Berkeley, ca, and London, 2011).

59 Ibid., p. 109.

60 Ibid., pp. 109–10.

61 Ibid., pp. 112–13 さらに 305 (注 52)。

62 Ibid., p. 119.

63 Georgian and Emshwiller, 'Rhododendron Uses'.

64 Ibid.

65 E. Dilber et al., 'A Case of Mad Honey Poisoning Presenting with Convulsion: Intoxication Instead of Alternative Therapy', *Turkish Journal of Medical Science*, xxxii (2002), pp. 361–2.

66 'Buransh Juice', www.honeyphondaghat.in、2015 年 9 月 19 日 に ア ク セ ス。Ambasta et al., *The Useful Plants of India*, p. 521; Mahanandar, *Plants and People of Nepal*, pp. 394–5; Bhula, 'Buransh: The Delicious and Intoxicating Rhododendron Juice of Uttarakhand', www.dnaindia.com.

67 Kharwal and Rawat, 'Ethnobotanical Studies and Distribution of Different

Rhododendron Species in Himachal Pradesh'; Mahanandar, *Plants and People of Nepal,* pp. 394–5; Ambasta et al., *The Useful Plants of India*, pp. 519–20.

68 Pradhan, 'Wild Rhododendrons of Bhutan', pp. 37–41.

69 Mahanandar, *Plants and People of Nepal,* p. 396.

70 Ambasta et al., *The Useful Plants of India,* pp. 519–20.

71 Kharwal and Rawat, 'Ethnobotanical Studies and Distribution of Different Rhododendron Species in Himachal Pradesh'.

72 Mahanandar, *Plants and People of Nepal,* pp. 394–6.

73 A. P. Colak et al., '*Rhododendron ponticum* in Native and Exotic Environments, with Particular Reference to Turkey and the British Isles', *Journal of Practical Ecology and Conservation,* ii (1998), pp. 34–41.

74 Dilber et al., 'A Case of Mad Honey Poisoning Presenting with Convulsion'; Colak et al., '*Rhododendron ponticum* in Native and Exotic Environments'; I. Koca and A. F. Koca, 'Poisoning by Mad Honey: A Brief Review', *Food and Chemical Toxicology,* xlv (2007), pp. 1315–18; Bruneton, *Toxic Plants Dangerous to Humans and Animals*, p. 251.

75 Dilber et al., 'A Case of Mad Honey Poisoning Presenting with Convulsion'.

76 W. T. Poon et al., 'Grayanotoxin Poisoning from Rhododendron simsii in an Infant', *Hong Kong Medical Journal,* xiv (2008), pp. 405–7.

77 A. J. Kim et al., 'Grayanotoxin Intoxication – 3 Case Reports', *Journal of the Korean Society of Emergency Medicine,* xi (2000), pp. 372–7.

78 Harvey Felter and John Lloyd, *King's American Dispensatory* (Cincinnati, oh, 1905), pp. 1124–5.

79 Dampc and Luczkiewicz, '*Rhododendron tomentosum* (*Ledum palustre*)'.

80 Pardo-de-Santayana et al., *Ethnobotany in the New Europe*, pp. 274–6.

81 'Rahvapärased taimenimetused: Sookail', http://herba.folklore.ee, accessed 22 September 2015; Charles F. Millspaugh, *American Medicinal Plants: An Illustrated and Descriptive Guide to Plants Indigenous to and Naturalized in the United States which are Used in Medicine* (North Chelmsford, ma, 1892), p. 392.

82 'Rahvapärased taimenimetused: Sookail', 'Rahvapärased taimenimetused: Sookael' and 'Rahvapärased taimenimetused: Kailud', http://herba. folklore.ee、2015 年 9 月 22 日にアクセス。

83 Dampc and Luczkiewicz, '*Rhododendron tomentosum* (*Ledum palustre*)'.

84 Ibid.

85 Georgi Viktorov、個人的やり取り。

86 Stephen Buhner, *Sacred and Herbal Healing Beers: The Secrets of Ancient Fermentation* (Boulder, co, 1998), pp. 167 and 169.

87 Ibid., pp. 180–82.

88 Millspaugh, *American Medicinal Plants,* p. 392; James Johnson, *The Chemistry of Common Life* (New York, 1855), p. 55; Buhner, *Sacred and Herbal Healing Beers*, p. 181.

89 'Rahvapärased taimenimetused: Sookail', http://herba.folklore.ee、2015 年 9 月 22 日にアクセス。

90 Clive Stace, *New Flora of the British Isles,* 3rd edn (Cambridge, 2010), p. 526.

91 Buhner, *Sacred and Herbal Healing Beers*, p. 173.

92 Johnson, *The Chemistry of Common Life,* p. 55.

93 Stephen H. Buhner, 'The Fall of Gruit and the Rise of Brewer's Droop', now www.gaianstudies.org, 2003.

第７章　ホトトギスの涙

1 'Dujuan Hua/Azalea', http://castleofcostamesa.com、2015 年 9 月 19 日にアクセス。

2 Feng Guomei, *Rhododendrons of China* (Beijing, 1988), vol. i, p. 3.

3 Dr Wu Zengyuan, Kunming Institute of Botany、個人的やり取り。

4 Ibid.

5 Li-Jun Yan, Kunming Institute of Botany、個人的やり取り。

6 'Nu Ethnic Minority', www.chinatravel.com、2015 年 12 月 23 日にアクセス。

7 Dr Mao Kangshan, Sichuan University, Chengdu、個人的やり取り。

8 Ibid.

9 Li-Jun Yan, Kunming Institute of Botany、個人的やり取り。

10 Terry Kleeman, *Great Perfection* (Honolulu, hi, 1998), p. 23; Dr Wu Zengyuan, Kunming Institute of Botany、個人的やり取り。

11 Guomei, *Rhododendrons of China,* vol. i, p. 4.

12 'buru guiqi' in Chinese; C. T. Hsia et al., eds, *The Columbia Anthology of |uan Drama* (New York, 2014), note 103, p. 368.

13 Kleeman, *Great Perfection,* p. 23.

14 Jessica Yeung, *Ink Dances in Limbo: Gao Xingjian's Writing as Cultural Translation* (Hong Kong, 2008), p. 112; Hsia et al., *The Columbia Anthology of |uan Drama*, p. 304.

15 Elizabeth Georgian、個人的やり取り。

16 Dr Mao Kangshan, Sichuan University, Chengdu, pers. comm

17 Ibid.

18 William M. Simmons, 'The Mystic Voice: Pequot Folklore from the Seventeenth Century to the Present', *The Pequots in Southern New England: The Fall and Rise of an American Indian Nation,* ed. Laurence Hauptman and James Wherry (Norman, ok, 1993)、 所 収、p. 151; Bill Anthes, 'Indian Time at Foxwoods', *(Im)permanence: Cultures In/Out of Time*, ed. Judith Schachter and Stephen Brockmann (Pittsburg, pa, 2008)、所収、pp. 237–47.

19 Bill Anthes, 'Learning from Foxwoods; Visualizing the Mashantucket Pequot Tribal Nation', *American Indian Quarterly*, xxxii (2008), pp. 204–18.
20 Narayan Mahanandar, *Plants and People of Nepal* (Portland, or, 2002), p. 58.
21 『レベッカ』(ダフネ・デュ・モーリア著、茅野美ど里訳、新潮社)。
22 同上。
23 同上。
24 同上。
25 同上。
26 Sylvia Plath, *Collected Poems*, ed. Ted Hughes (London, 1981); J. M. Bremer, 'Three Approaches to Sylvia Plath's "Electra on Azalea Path"', *Neophilogus*, lxxvi (1992), pp. 305–16 も参照。
27 Sylvia Plath, Collected Poems; 'When Otto Plath died in 1940, Sylvia and her brother Warren didn't attend his funeral', www.lovingsylvia. tumblr.com も参照。2015 年 9 月 19 日にアクセス。
28 Harriet Staff, 'Newly Released fbi Files Corroborate Sylvia Plath's Characterization of Her Father as Pro-Nazi', www.poetryfoundation.org, 20 August 2012.
29 Plath, *Collected Poems.*
30 Jack Wernick, 'Azalea Path', www.jackwernick.weebly.com、2016 年 8 月 11 日にアクセス。
31 Tim Bowling, *The Thin Smoke of the Heart* (Montreal and Ithaca, NY, 2000), p. 14.
32 Colin Smith, 'Launch of Azalea Dreams, Bamboo Lives by Wee Kiat', www.youtube.com, 8 November 2013.
33 Yaba Badoe, *True Murder* (London, 2009), p. 20.
34 Pete Hautman and Mary Logue, *The Bloodwater Mysteries: Doppelganger* (New York, 2008), p. 20.
35 Jeanine Larmoth and Charlotte Snyder Turgeon, *Murder on the Menu* (New York, 1972), p. 43.
36 Rosella Rhine, *Murder by Wheelchair* (ebook, 2014), p. 4.
37 'Schedule 9 of the Wildlife and Countryside Act 1981', www.ukwildlife.com、2015 年 9 月 19 日にアクセス。
38 Jan Bondeson, Murder Houses of London (Stroud, 2014); Thomas Jacobs, *Pageant of Murder* (London, 1956), pp. 47–9.
39 Dr David Chamberlain、個人的やり取り。
40 Frances Brody, *Murder on a Summer's Day* (London, 2013); Penny de Byl, *Lost Souls* (Dartford, 2014), pp. 165 and 181.

第8章　ツツジー族の鼻つまみ者

1 北緯 52 度 14'58"、西経 7 度 57'53"。

2 Rachel Flaherty, 'Rhododendron Rescue: Walkers Trapped by Plants for Five Hours', www.irishtimes.com, 17 June 2014; 'Hillwalkers Trapped for Five Hours in Rhododendron Plants', www.rte.ie, 17 June 2014.

3 Clive Stace, *New Flora of the British Isles*, 3rd edn (Cambridge, 2010), p. 526; 'Schedule 9 of the Wildlife and Countryside Act 1981', www.ukwildlife.com、2015年9月19日にアクセス。

4 K. Dehnen-Schmutz and M. Williamson, '*Rhododendron ponticum* in Britain and Ireland: Social, Economic and Ecological Factors in its Successful Invasion', *Environment and History*, xii (2006), pp. 325–50; G. Doyle, 'Laurophyllisation in Ireland – The Case of *Rhododendron ponticum*' *Conference on Recent Shifts in Vegetation Boundaries of Deciduous Forests, Especially due to General Global Warming*, ed. F. Klotzli and G. R. Walther (Basel, 1999) 所収、pp. 237–51.

5 Doyle, 'Laurophyllisation in Ireland – the Case of *Rhododendron ponticum*'; J. R. Cross, 'Biological Flora of the British Isles: Rhododendron ponticum L.', *Journal of Ecology*, lxiii (1975), pp. 345–64; R. H. Gritten, '*Rhododendron ponticum* and Some Other Invasive Plants in the Snowdonia National Park', in *Plant Invasions: General Aspects and Special Problems. Workshop Held at Kostelec nad Černými Lesy, Czech Republic* (1993), pp. 213–19.

6 A. P. Colak et al., 'Rhododendron ponticum in Native and Exotic Environments, with Particular Reference to Turkey and the British Isles', *Journal of Practical Ecology and Conservation*, ii (1998), pp. 34–41.

7 C. M. Stephenson et al., 'Modelling Establishment Probabilities of an Exotic Plant, Rhododendron ponticum, Invading a Heterogeneous, Woodland Landscape using Logistic Regression with Spatial Autocorrelation', *Ecological Modelling*, cxciii (2006), pp. 747–58; J.M.B. Brown, 'The *Rhododendron* Problem in the Woodlands of Southern England', *Quarterly Journal of Forestry*, xlvii (1953), pp. 239–53; J.M.B. Brown, '*Rhododendron ponticum* in British Woodlands', *Report on Forestry Reserves* 1953 (London, 1954) 所収、pp. 42–3.

8 P. Simons, 'The Day of the Rhododendron', *New Scientist*, cxix (1988), pp. 50–54; and for example see 'Rhododendron Burning at Muiravonside Country Park', http://blogs.tcv.org.uk, ii September 2015.

9 Cross, 'Biological Flora of the British Isles: *Rhododendron ponticum* L.'; D. F. Chamberlain, 'A Revision of *Rhododendron*. ii. Subgenus *Hymenanthes*', *Notes from the Royal Botanic Garden Edinburgh*, xxxix (1982), p. 313.

10 R. I. Milne and R. J. Abbott, 'Origin and Evolution of Invasive Naturalized Material of *Rhododendron ponticum* L. in the British Isles', *Molecular Ecology*, v (2000), pp. 541–56.

11 K. Jessen, '*Rhododendron ponticum* in the Irish Interglacial Flora', *Irish Naturalists'*

Journal, ix (1948), pp. 174–5; K. Jessen et al., 'The Interglacial Flora', *Proceedings of the Royal Irish Academy*, lxB (1959), pp. 1–77; Harry Godwin, *History of the British Flora* (Cambridge, 1975), pp. 292–3; Martin Ingrouille, *Historical Ecology of the British Flora* (London and New York, 2012), p. 82.

12 S. Campbell et al., *Quaternary of Southwest England* (London, 1998), pp. 149–50.

13 Jessen, '*Rhododendron ponticum* in the Irish Interglacial Flora'; Jessen et al., 'The Interglacial Flora'; Godwin, *History of the British Flora*, pp. 292–3; Ingrouille, *Historical Ecology of the British Flora*, p. 82.

14 Stace, *New Flora of the British Isles*, pp. 524–30; Tim Robinson, *Connemara: Listening to the Wind* (Dublin, 2007).

15 Robinson, *Connemara*, pp. 39–42.

16 D. L. Kelly, 'The Native Forest Vegetation of Killarney, South-west Ireland: An Ecological Account', *Journal of Ecology*, lxix (1981), pp. 437–72.

17 M. S. Skeffington, 'Ireland's Lusitanian Heathers – An *Erica mackayana* Perspective', *Ecological Questions*, xxi (2015), pp. 13–15.

18 '*Rhododendron ponticum* (rhododendron)', www.cabi.org、2015年9月19日にアクセス。

19 『花の西洋史事典』(アリス・M・コーツ編、白幡洋三郎、白幡節子訳、八坂書房)

20 Milne and Abbott, 'Origin and Evolution of Invasive Naturalized Material of *Rhododendron ponticum*'.

21 Doyle, 'Laurophyllisation in Ireland – The Case of *Rhododendron ponticum*'.

22 W. Curtis, '*Rhododendron ponticum*', *Botanical Magazine*, xvi (1803), p. 650.

23 P. Frost, 'Rhododendrons', *The Gardeners' Chronicle* (1841), p. 85.

24 J. Rinz, 'Remark on Various Gardens about London, and in Other Parts of England, Visited in April and May 1829', *Gardener's Magazine* (1829), p. 382.

25 Dehnen-Schmutz and Williamson, '*Rhododendron ponticum* in Britain and Ireland'. Prices are all converted to 2002 gb pounds.

26 S. C. Michalak, '*Rhododendron ponticum*', DHE thesis, Royal Botanic Gardens, Edinburgh, 1976.

27 Dehnen-Schmutz and Williamson, '*Rhododendron ponticum* in Britain and Ireland'.

28 Michalak, '*Rhododendron ponticum*'.

29 W. Craw, 'Rhododendrons as cover for game', *The Gardeners' Chronicle and Agricultural Gazette* (1864), p. 54.

30 W. Goldring, 'Rhododendrons Versus Laurel', *The Garden* (1864), p. 280.

31 Dehnen-Schmutz and Williamson, '*Rhododendron ponticum* in Britain and Ireland'.

32 G. Wythes, 'The Common Rhododendron in Woods and Drives', *The Garden* (January–June 1891), p. 424; Arthur Osborn, *Shrubs and Trees for the Garden* (London, 1933).

33 A. D. Webster, 'Game Coverts', *The Gardeners' Chronicle* (1883), p. 792.

34 一方、1931年から60年の2月の平均気温は摂氏3・9度だった。B G. Manley, 'Central England Temperatures: Monthly Means 1659 to 1973', *Quarterly Journal of the Royal Meteorological Society,* C(1974), pp. 389–405.

35 Anon., 'The Frost of 1895', *British Medical Journal*, I (20 April 1895), p. 886; Anon., 'CCCCXCV – The Great Frost of 1895', *Bulletin of Miscellaneous Information (Royal Botanic Gardens, Kew)*, MDCCCXCVI (1896), pp. 5–10.

36 Field, 'The Pontic Rhododendrons and the Frost', *The Garden* (20 April 1895), p. 270.

37 C. L. Justice, 'The Victorian Rhododendron Story', *Journal of the American Rhododendron Society,* LIII/3 (1999); J. G. Millais, *Rhododendrons and the Various Hybrids* (London, 1917), facing p. 12.

38 E. A. Rübel, 'The International Phytogeographical Excursion in the British Isles. V. The Killarney Woods', *New Phytologist*, XI (1912), pp. 54–7; Bean, *Trees and Shrubs Hardy in the British Isles*, p. 372.

39 Michalak, '*Rhododendron ponticum*'.

40 Frederick Street, *Hardy Rhododendrons* (London, 1954), p. 132.

41 E.H.M. Cox and P. A. Cox, *Modern Rhododendrons* (London, 1956), p. 24.

42 G. Bell, 'Halfdan Lem, Hybridizer', *Journal of the American Rhododendron Society*,XXXI /1 (1977).

43 'HL Deb 06 June 1986 vol 475 cc1243–70', http://hansard. millbanksystems. com, 6 June 1986; 'HC Deb 04 May 2000 vol 349 cc302–86', http://hansard. millbanksystems.com, 4 May 2000.『デイリー・ポリティクス』というテレビ番組での言及。

44 Osborn, *Shrubs and Trees for the Garden.*

45 Dehnen-Schmutz and Williamson, '*Rhododendron ponticum* in Britain and Ireland'.

46 May Cowan, *Inverewe: A Garden in the North-west Highlands* (London, 1964), p. 117.

47 Maggie Campbell-Culver, *The Origin of Plants: The People and Plants that have Shaped Britain's Garden History Since the Year 1000* (London, 2001), pp. 235–8.

48 Jack Cant, 'Killer Plants Stalk Queen Mum', *The Best of the Sunday Sport* (London, 1989) 所収、p. 42.

49 Lanning Roper, *The Gardens in the Royal Park at Windsor* (London, 1959) を参照。

50 Colak et al., '*Rhododendron ponticum* in Native and Exotic Environments'.

51 Dehnen-Schmutz and Williamson, '*Rhododendron ponticum* in Britain and Ireland'.

52 J. R. Cross, 'The Establishment of *Rhododendron ponticum* in the Killarney Oakwoods, S.W. Ireland', *Journal of Ecology*, LXIX(1981), pp. 807–24; Stephenson et al., 'Modelling Establishment Probabilities of an Exotic Plant'.

53 Milne and Abbott, 'Origin and Evolution of Invasive Naturalized Material of

Rhododendron ponticum'.

54 Field, 'The Pontic Rhododendrons and the Frost'.

55 E. T. Nilsen, 'The Relationship Between Freezing Tolerance and Thermotropic Leaf Movement in Five *Rhododendron* Species', *Oecologia*, LXXXVII (1991), pp. 63–71.

56 Dehnen-Schmutz and Williamson, '*Rhododendron ponticum* in Britain and Ireland'.

57 J. Cullen, 'Naturalised Rhododendrons Widespread in Great Britain and Ireland', *Hanburyana*, V (2011), pp. 11–19

58 Kenneth Cox, 'Why So Called "*R. x superponticum*" is Invalid Taxonomy and Has No Scientific Basis', www.glendoick.com, 1 January 2014.

59 Cross, 'The Establishment of *Rhododendron ponticum* in the Killarney Oakwoods, s.w. Ireland'; Colak et al., '*Rhododendron ponticum* in Native and Exotic Environments'.

60 Colak et al., '*Rhododendron ponticum* in Native and Exotic Environments'; A. C. Dietzsch et al., 'Relative Abundance of an Invasive Alien Plant Affects Native Pollination Processes', *Oecologia*, CLXVII (2011), pp. 469– 79; Cross, 'Biological Flora of the British Isles: *Rhododendron ponticum* L.'; C. A. Sutton and D. M. Wilkinson, 'The Effects of *Rhododendron* on Testate Amoebae Communities in Woodland Soils in North West England', Acta Protozoologica, xlvi (2007), pp. 333–8.

61 I. D. Rotherham and D. J. Read, 'Aspects of the Ecology of *Rhododendron ponticum* with Reference to its Competitive and Invasive Properties', *Aspects of Applied Biology*, XVI (1988), pp. 327–35; Benjamin Davis, 'The Mechanisms Used by the Invasive Shrub *Rhododendron ponticum* to Inhibit the Growth of Surrounding Vegetation', PhD thesis, University of Southampton, 2013; James Merryweather, 'Rhododendron Poisons the Soil, Doesn't It? Chinese Whispers Become Conservation Lore', www.slef.org.uk、2015 年 9 月 19 日にアクセス。

62 Angelo Salsi, 'Alien Species and Nature Conservation in the eu. The Role of the life Program', www.ec.europa.eu, 2004; R. J. Mitchell et al., 'A Comparative Study of the Seedbanks of Heathland and Successional Habitats in Dorset, Southern England', *Journal of Ecology*, LXXXVI (1998), pp. 588–96; Deborah Long and Jill Williams, '*Rhododendron ponticum*: Impact on Lower Plants and Fungi Communities on the West Coast of Scotland', www.plantlife.org, November 2007, p. 39.

63 '*Rhododendron ponticum* (rhododendron)', www.cabi.org.

64 'Rhododendron control', http://forestry.gov.uk, accessed 19 September 2015.

65 'History of the Isabella Plantation', www.royalparks.org.uk, accessed 19 September 2015; 'Windsor Great Park Berkshire/Surrey', www.countryfile.com、2015 年 9 月 19 日にアクセス、および著者の個人的な観察による。

, accessed 19 September 2015; also personal observations by author.

66 Marianne Elliott, 'Life Cycle of *Phytophthora ramorum* as it Relates to Soil and Water', www.forestphytophthoras.org、2015 年 9 月 19 日にアクセス。

67 '*Phytophthora ramorum* and P. *kernoviae*', www.rhs.org.uk、2015 年 9 月 19 日にアクセス。

68 'Rhododendron', www.eryri-npa.gov.uk、2015 年 9 月 19 日にアクセス。'Observations of Rhododendron in Killarney Oakwood Areas Cleared & Maintained by Groundwork Conservation Volunteers in the Period 1981–2015', www.groundwork.ie, 14 June 2014; Kevin Hughes, 'Rhododendron Issue Sparks War of Words', www.independent.ie, 31 January 2015.

69 'Rhododendron', www.eryri-npa.gov.uk; '*Rhododendron ponticum* (rhododendron)', www.cabi.org; Gritten, '*Rhododendron ponticum* and some other Invasive Plants in the Snowdonia National Park'

70 'Rhododendron Control', http://forestry.gov.uk; Colin Edwards and Sarah Taylor, 'A Survey and Strategic Appraisal of Rhododendron Invasion and Control in Woodland Areas in Argyll and Bute', http://forestry.gov.uk, June 2008.

71 L. C. Foxcroft et al., *Plant Invasions in Protected Areas: Patterns, Problems and Challenges* (New York, 2013), pp. 229–30; Angelo Salsi, 'Alien Species and Nature Conservation in the eu. The Role of the life Program', www.ec.europa.eu.

72 A. Bremner and K. Park, 'Public Attitudes to the Management of Invasive Non-native Species in Scotland', *Biological Conservation*, CXXXIX (2007), pp. 306–14; この研究の追加データを著者に教えてくれた。

73 著者に対する個人的コメント。I. D. Rotherham, *The Wild Rhododendron* (Sheffield, 2004).

74 Colak et al., '*Rhododendron ponticum* in Native and Exotic Environments'.

75 Anon., 'Whitley Park', *Huddersfield District Chronicle* (18 April 1997).

76 'HC Deb 11 June 1997 vol 295 ccIII6–25', http://hansard. millbanksystems.com, 11 June 1997.

77 Ibid.

78 Colak et al., '*Rhododendron ponticum* in Native and Exotic Environments'.

79 George Monbiot, 'Sheepwrecked', www.monbiot.com, 30 May 2013.

80 Jenny Wong et al., *Report of the Rhododendron Feasibility Study. Prepared for the Beddgelert Rhododendron Management Group by the School of Agricultural and Forest Sciences* (Bangor, 2002), pp. 2–3.

81 'Invasive Plant Legislation', www.glendoick.com、2015 年 9 月 19 日にアクセス。http://bsbi.org/maps and type 'Rhododendron' こちらのサイトでは、イギリスに自生するすべての種と栽培品種を閲覧することができる。※現在このページは削除されている。

82 Beverley Knowles, 'The Vicar's Got a Puncture', http://beverleyknowles.com、

2015年9月19日にアクセス。
83 Nathalie Levi, '"Bad Artists Copy, Good Artists Steal." [1], What's Yours is Mine, Roisin Byrne & Duncan Wooldridge at Tenderpixel', https:// nathalielevi.wordpress.com、2017年1月24日にアクセス。

第9章　ツツジの保護、収集、未来

1 Pradeep Kumar, 'Assessment of Impact of Climate Change on Rhododendrons in Sikkim Himalayas using Maxent Modelling: Limitations and Challenges', *Biodiversity and Conservation*, XXI(2012), pp. 1251–66.
2 'Corrour Lodge, Fort William, Scotland', www.parksandgardens.org, 25 May 2014; Brenda McLean, *George Forrest, Plant Hunter* (Woodbridge, 2004), p. 133.
3 'Rhododendron Species Conservation Group', www.rscg.org.uk.
4 'Glendoick', www.glendoick.com、2015年9月19日にアクセス。'Scotland Inverewe Garden: A Surprising Tropical Paradise', www.insiders-scotland-guide.com、2017年1月24日にアクセス。
5 Francis Kingdon-Ward, *Himalayan Enchantment: An Anthology* (London, 1990), p. 130.
6 Euan Cox, *Plant Hunting in China* (London, 1945), p. 208; Narayan Mahanandar, *Plants and People of Nepal* (Portland, or, 2002), p. 24.
7 K. K. Singh et al., 'Rhododendrons Conservation in the Sikkim Himalaya', *Current Science,* LXXXV (2003), pp. 602–6.
8 『ツアンポー峡谷の謎』（F. キングドン－ウォード著、金子民雄訳、岩波書店）
9 Prem Shankar Jha, 'Why India and China Should Leave the Yarlung Tsangpo Alone', www.chinadialogue.net, 5 March 2014; Archana Chaudhary, 'India Plans Dam on Tsangpo-Brahmaputra to Check Floods and China', www.bloomberg.com, 4 June 2015.
10 Y. Lü et al. 'A Policy-driven Large Scale Ecological Restoration: Quantifying Ecosystem Services Changes in the Loess Plateau of China', PLOS ONE, VII (2012): e31782.
11 Y. P. Ma et al., 'A New Species of *Rhododendron* (Ericaceae) from Baili Rhododendron Nature Reserve, nw Guizhou, China', *Phytotaxa*, CXCV(2015), pp. 197–200.
12 '*Flora of China*', www.efloras.org, vol.XVIII, p. 239、2015年9月19日にアクセス。
13 A. P. Colak et al., '*Rhododendron ponticum* in Native and Exotic Environments, with Particular Reference to Turkey and the British Isles', *Journal of Practical Ecology and Conservation*, II (1998), pp. 34–41.
14 著者とマリア・チェンバレン博士による目撃情報。
15 Toby Musgrave et al., *The Plant Hunters* (London, 1999), p. 170.

16 Dr David Chamberlain、個人的やり取り。
17 Douglas Gibbs et al., *The Red List of Rhododendrons* (Richmond, 2011).
18 'Royal Botanic Garden, Edinburgh', www.rbge.org.uk、2015年9月19日にアクセス。
19 Singh et al., 'Rhododendrons Conservation in the Sikkim Himalaya'; O. N. Tiwari and U. K. Chauhan, 'Rhododendron Conservation in Sikkim Himalaya', *Current Science*,XC (2006), pp. 532–41.
20 Alleyne Cook, 'Tower Court: A Personal Account – Part II', *Journal of the American Rhododendron Society*, LI/3 (1997).
21 Lanning Roper, *The Gardens in the Royal Park at Windsor* (London, 1959), pp. 96–7, 103.
22 Cox, Plant Hunting in China, p. 177.
23 『ツアンポー峡谷の謎』(F. キングドンーウォード著、金子民雄訳、岩波書店)
24 Archie Skinner, 'Rescuing the Ghent and Rustica Flore Pleno Azaleas', *Journal of the American Rhododendron Society*, XXXVIII/3 (1984).
25 Frederick Street, *Hardy Rhododendrons* (London, 1954), p. 17.
26 G. H. Pinckney, 'The Knap Hill and Exbury Strain of Azaleas', *Journal of the American Rhododendron Society*, VII/1 (1953).
27 Dr Wu Zengyuan, Kunming Institute of Botany、個人的やり取り。
28 Cox, *Plant Hunting in China*, p. 211.
29 K. S. Gaira et al., 'Impact of Climate Change on the Flowering of *Rhododendron arboreum* in Central Himalaya, India', *Current Science*, CVI (2014), pp. 1735–8; Hari Kumar Shrestha, 'Climate Change Threatening Rhododendron', www.nepalmountainnews.com, 17 March 2015.
30 Kumar, 'Assessment of Impact of Climate Change on Rhododendrons in Sikkim Himalayas'; Pradeep Kumar, 'Biogeographic Response of *Rhododendron* to Climate Change in the Sikkim Himalaya', www.sikkimforest.gov.in、2015年9月19日にアクセス。
31 Street, *Hardy Rhododendrons,* p. 132.
32 G. Donald Waterer, 'Rhododendrons and Azaleas at the Knap Hill Nursery', *Journal of the American Rhododendron Society*, IV/1 (1950).
33 IPCC, 'Summary for Policy Makers', *Climate Change 2014: Impacts, Adaptation, and Vulnerability. Part A: Global and Sectoral Aspects. Contribution of Working Group II to the Fifth Assessment Report of the Intergovernmental Panel on Climate Change,* ed. C. B. Field et al. (Cambridge and New York, 2014) 所収、pp. 1–32

リチャード・ミルン（Richard Milne）

エディンバラ大学生物学部上級講師。野草の研究を中心に、さまざまな領域の植物の進化を研究している。近年は中国の研究者とツツジの品種改良に関する共同研究を行ない、数多くの論文を発表。生物地理学にも造詣が深く、世界各地の生物多様性のパターン、植物の大陸間移動について学生たちと研究を進めている。

竹田 円（たけだ・まどか）

翻訳家。東京大学人文社会系研究科修士課程修了。訳書に『「食の図書館」お茶の歴史』（ヘレン・サベリ著／原書房）、『嘘と拡散の世紀』（ピーター・ポメランツェフ著／原書房／共訳）、『かくしてモスクワの夜はつくられ、ジャズはトルコにもたらされた』（ウラジーミル・アレクサンドロフ著／白水社）などがある。

花《はな》と木《き》の図書館《としよかん》

ツツジの文化誌《ぶんかし》

●

2022年4月27日　第1刷

著者……………リチャード・ミルン
訳者……………竹田《たけだ》　円《まどか》
装幀……………和田悠里
発行者……………成瀬雅人
発行所……………株式会社原書房

〒160-0022 東京都新宿区新宿1-25-13
電話・代表03(3354)0685
振替・00150-6-151594
http://www.harashobo.co.jp

印刷……………新灯印刷株式会社
製本……………東京美術紙工協業組合

ISBN 978-4-562-07166-1, Printed in Japan